Schiller zum Vergnügen

Schiller zum Vergnügen

Herausgegeben von
Martin Neubauer

Mit 6 Abbildungen

Reclam

RECLAMS UNIVERSAL-BIBLIOTHEK Nr. 18852
2004, 2012 Philipp Reclam jun. GmbH & Co. KG,
Siemensstraße 32, 71254 Ditzingen
info@reclam.de
Umschlagillustration: Nikolaus Heidelbach
Umschlaggestaltung: Eva Knoll
Druck und Bindung: Esser printSolutions GmbH,
Untere Sonnenstraße 5, 84030 Ergolding
Printed in Germany 2025
RECLAM, UNIVERSAL-BIBLIOTHEK und
RECLAMS UNIVERSAL-BIBLIOTHEK sind eingetragene Marken
der Philipp Reclam jun. GmbH & Co. KG, Stuttgart
ISBN 978-3-15-018852-1
reclam.de

Inhalt

Vorwort

Wie vergnüglich kann Schiller sein? Dem Zettelträger Papp, der Titelfigur aus Johann Nepomuk Nestroys erstem Volksstück (1827), fällt die Antwort auf diese Frage nicht schwer:

> Die Schillerischen Stück haben alle durch die Bank einen schlechten Schluß. Z. B. nehmen wir den »Don Carlos«: »Ich habe das meinige gethan, thun Sie das Ihrige.« Ist das ein Ausgang für ein honettes Stück? Nach meiner Bearbeitung heirathet der Don Carlos die Prinzessin Eboli, Herzog Alba macht den Brautführer, und die Marquisin von Montican, die sie im 2. Act nach Frankreich fortschummeln, die kommt als Kranzeljungfer zurück. Das ganze schließt mit einem fröhlichen Auto-Kaffée.

Ähnlich rigoros sind die Eingriffe, mit denen der Zettelträger den Unterhaltungswert auch anderer Schillerdramen zu heben gedenkt:

> Mit dem »Wallenstein« ist's nehmlich so. Seine letzten Worte sind: »Ich denke einen langen Schlaf zu thun.« – Das ist so was Fades, da muß das Publicum einschlafen, es mag wollen oder nicht. Bei mir reitet der Wallenstein am Schluß in Wien als

Courier ein, und bringt's Extrablattl, daß die Schweden geschlagen sind. Das ist doch ein ganz anderer Ausgang? Und im »Fiesko«, das möchte ich wissen, für was kommt denn eine Verschwörung vor, für was denn die Dummheiten? Nach meiner Bearbeitung bleibt die Verschwörung ganz weg, und das Stück schließt mit der Privat-Komedie, die der Fiesko gibt, wobei sich die Familien Doria und Lavagna ungeheuer blamiren. – So wird doch der Schluß komisch; da müssen die Stuck einen Effect machen.

Zwar übertreibt die Satire immer, aber einen wahren Kern hat sie doch. Der Begriff »Vergnügen« ist in den Stichwortverzeichnissen der Schiller-Monographien ebenso unterrepräsentiert wie »Humor« oder »Komik«. Anderes, das Ästhetische und das Moralische etwa, schien für Schillers Interessen maßgeblicher zu sein, und das war mit dem, was Vergnügen und Lachen bewirkt, selten vereinbar: »Krieg führt der Witz auf ewig mit dem Schönen«. Schillers Name steht für idealistische Verherrlichung, für grandiosen Ernst und hohes Pathos, »wie in Begriffen versteinert, mit allzuviel Sinn belastet, ästhetisch und ethisch zugleich, moralisierend kaum zu widerlegen, aber isoliert, bedeutungslos für die Gegenwart, erhaben, doch unfruchtbar« – so Friedrich Dürrenmatt 1959. Kann so jemand Vergnügen bereiten?

Zweierlei ist dazu zu sagen: Einerseits war »Vergnügen« für Schiller ein recht weit gefasster Begriff. »Über den Grund des Vergnügens an tragischen Gegenständen« (1792) heißt eine seiner Abhandlungen, in der er für den Unterhaltungswert der Lektüre eine Lanze bricht. Auch die Beschäftigung mit Trauerspielen, so seine These, könne durchaus Vergnügen bescheren. Andererseits zeigt die Wirkungsgeschichte Schillers ein erstaunliches Phänomen. Sie spricht dem Vorurteil Hohn, dass der hohe Anspruch von Literatur abschreckend auf ein breites Publikum wirken müsse. Obwohl es Schiller seinen Lesern nicht immer leicht gemacht hat, erreichte er eine ungeheure Popularität, die im Verlauf des 19. Jahrhunderts sogar jene Goethes überflügelte.

Allerdings ist bekanntlich dort viel Schatten, wo auch viel Licht ist, und so wurde Schiller bereits zu Lebzeiten Opfer einer Lektüre, die dort Vergnügen fand, wo der Dichter überhaupt nicht an Vergnügen gedacht hatte. »[Ü]ber ein Gedicht von Schiller, das Lied von der Glocke, sind wir gestern Mittag fast von den Stühlen gefallen vor Lachen«, schreibt Caroline Schlegel an Auguste Böhmer im Oktober 1799. Schillers Auffassung von den Geschlechterrollen gab bereits den Zeitgenossen Anlass zu bösem Spott: »Ach wie gefällt die ›Glocke‹ dem Volk und die ›Würde der Frauen‹? / Weil im Takte da klingt alles, was sittlich und platt«, dichtete Friedrich Schlegel 1802. Zu der Erkenntnis, dass nicht nur Homer zuweilen schläft, sondern ebenso Schiller, kam auch Egon Friedell, für den manche Verse – wie aus der Ballade »Der Gang nach dem Eisenhammer« – eher nach Wilhelm Busch klangen als nach Weimarer Klassik:

»Du bist des Todes, Bube, sprich!«
Ruft jener streng und fürchterlich.
»Wer hebt das Aug' zu Kunigonden?«
»Nun ja, ich spreche von dem Blonden.«

Zum 150. Todestag Schillers hielt Thomas Mann eine Rede, in der er über das Lächeln bei der Lektüre sprach, »das wir uns gelegentlich zu verbeißen haben« – ein Lesevergnügen, das billigeren Reizen galt und nicht dem Ideal, der Ästhetik und der Moral, eher der »Lust am höheren Indianerspiel, am Abenteuerlichen und psychologisch Sensationellen, ungeheurer Tugend und erhabenem Verbrechen«.

All das könnte den Eindruck vermitteln, bei Schiller handle es sich um einen Autor, der nur unabsichtlich vergnüglich sein könne, bei dem Unterhaltsames und Witziges allenfalls nur peinliche Nebenprodukte seien. Das ist unrichtig; nur liegt bei ihm das Vergnügliche nicht so offen wie bei anderen Autoren.

Schiller ist ein Klassiker ohne Komödie. Lessing, Goethe, Kleist, Büchner, Grabbe, Grillparzer: Sie alle sind mit Lustspielen bis heute in den Spielplänen lebendig geblieben – aber Schiller? Dabei hielt er auf die Gattung Komödie höchste Stücke, und dass er auch Talent zum Komischen hatte, beweisen etwa einzelne Szenen in *Kabale und Liebe* und in *Wallensteins Lager*. Als Ausgleich zur Beschäftigung mit ernsten Sujets befasste sich Schiller zuweilen mit leichteren Stoffen; so bearbeitete er Carlo Gozzis Märchen von der Prinzessin Turandot für das Weimarer Hoftheater und akzentuierte dabei das komische Moment sogar. Wenn heute allerdings auf Theaterplakaten die Komödien *Der Parasit* und *Der Neffe als Onkel* unter dem Autorennamen Schiller laufen, so handelt es sich dabei nicht um sensationelle Neuentdeckungen, sondern um puren Etikettenschwindel. Ihr Verfasser ist der Franzose Louis-Benoît Picard, zehn Jahre jünger als Schiller und zu seiner Zeit erfolgreich im Verfassen von Lustspielen nach dem Vorbild Molières; Schiller hat zwei davon 1803 ins Deutsche übertragen.

Auch in Schillers Plänen blieb einiges an Komödiantischem stecken. So ist von einem »Entwurf eines Lustspiels im Geschmack von Goethes Bürgergeneral« die Rede, das nie ausgeführt wurde. 1799 findet sich die Idee zu einem Kriminalstück mit dem Titel »Die Polizey«; bezeichnenderweise war sich Schiller nicht im Klaren darüber, ob es eher als Tragödie oder als Komödie anzulegen sei, und so ließ er es ganz bleiben.

Sein einziger dramatischer Originalbeitrag zum komischen Genre stammt aus dem Jahr 1787, blieb zu Lebzeiten unveröffentlicht, ist heute vergessen und war ihm nicht einmal einen Titel wert – erst der Literaturwissenschaftler Karl Goedeke gab dem Stück 1868 den Namen »Körners Vormittag«. Nach wie vor besteht nicht die geringste Chance, dass es einmal Teil des Bühnenrepertoires wird, denn dazu ist es zu sehr auf einen privaten Anlass zugeschnitten – nämlich auf den 31. Geburtstag von Schillers Freund Christian Gottfried Körner. Es zeichnet ein satirisches Bild des Jubilars, der von Pflichten, Interessen und Freunden über Gebühr beansprucht wird. Die Uraufführung im kleinen Kreis muss recht vergnüglich gewesen sein, zumal der Autor sich selbst spielte und eine Reihe anderer Rollen übernahm, unter anderem die einer Dienerin.

Es zählt zu den Ironien der Literaturgeschichte, dass Schillers wohl witzigstes Werk nur für ein Fachpublikum interessant geblieben ist, die darin versteckten Anspielungen und Pointen sogar schon für die Zeitgenossen schwer aufzulösen waren. *Xenien* – übersetzt »Gastgeschenke« – heißt die Sammlung von Zweizeilern, die Schiller 1795 bis 1796 im Verein mit Goethe schrieb, satirische Abrechnungen mit den literarischen Gegnern, voller Spott und Polemik. Bernhard Rudolf Abeken, ein guter Bekannter Goethes, berichtet in seinen Erinnerungen, welches Vergnügen die beiden Dichter beim Verfassen der Strophen gehabt haben müssen: »Gelang eine, dann wurde das Gelingen von einem unbändigen Gelächter begleitet, das durch die Decke des Zimmers [...] drang.« Demjenigen Leser, der ohne Kommentar oder Kenntnis des historischen Umfeldes auskommen muss, wird der Witz dieser kleinen Gedichte jedoch großteils verborgen bleiben.

Das Vergnügliche bei Schiller liegt also nicht immer offen, und die Schule war traditionell jener Ort, an dem es in der Regel konsequent abwesend war. Kaum anzunehmen, dass einer der Gymnasiasten, die Heinrich Manns *Professor Unrat* (1905) ausgeliefert sind, in seinem späteren Leben noch etwas mit Schiller und speziell mit der *Jungfrau von Orléans* zu tun haben möchte:

> Man hatte sie vor- und rückwärts gelesen, Szenen auswendig gelernt, geschichtliche Erläuterungen geliefert, Poetik an ihr getrieben und Grammatik, ihre Verse in Prosa übertragen und die Prosa zurück in Verse. Für alle, die beim ersten Lesen Schmelz und Schimmer auf diesen Versen gespürt hatten, waren sie längst erblindet.

Deutsche Klassik als Schreckgespenst im Dienst der Steinzeitpädagogik: So sei es dahingestellt, ob Schiller für jene Schülergenerationen ein Vergnügen war, die den bürgerlichen Wertekanon anhand des »Lieds von der Glocke« eingetrichtert bekamen, das sie auswendig zu lernen hatten.

Vergnüglicher mochte es da schon sein, in späteren Jahren aus den Werken der Klassiker zu zitieren oder Zitate richtig bestimmen zu können. Das Bewusstsein, zur kulturellen Elite zu gehören, mehr Sachkenntnis zu besitzen als jene, die den Code der Gebildeten nicht beherrschten, das konnte dem Spießer schon Freude und Genugtuung bereiten. Schillers Vorliebe für die Sentenz, für die zugespitzte, einprägsame Formulierung, machten sein Werk zur unerschöpflichen Goldgrube für Zitateriche. Bereits 1806, ein Jahr nach seinem Tod, erschien in Leipzig die erste Sammlung, die die Bedürfnisse derjenigen befriedigte, die nach markanten Denksprüchen hungerten: *Schiller's Aphorismen, Sentenzen und Maximen, über Natur, Kunst, Welt und Menschen.* Seitdem sind Zitatenkompendien solcher Art Legion geworden, vom schmalen Bändchen für Stammbuchverse bis hin zum dickleibigen Lexikon, das systematisch Eintragungen von Schillerstellen zu allen möglichen und unmöglichen Themen verzeichnet. Ob Brief oder Rede, Tagebuch oder Zeitungsartikel – für Schillerworte war immer Platz. Natürlich auch in der Parodie, deren vergnügliche Seite sich jedoch nur jenem Leser entfaltete, der auch eine gewisse Werkkenntnis mitbrachte. Ansonsten bestand die Gefahr, dass das kunstvolle Arrangement von Zitaten wirkungslos zwischen den Zeilen verpuffte:

Es wächst der Mensch mit seinen größern
Zwecken,
Eng ist die Welt, und das Gehirn ist weit;
»Spät kommt ihr, doch ihr kommt, den Leu
zu wecken,
Ernst ist der Anblick der Nothwendigkeit.
Der Lebende hat Recht, den Leib zu malen,
Wer wagt es, was die inn're Stimme spricht?
Nacht muß es sein, wenn Friedland's Sterne
strahlen!
Unsinn, du siegst, und Minna kennt mich nicht!«

Schiller zu zitieren, das ist heutzutage als Mittel zur intellektuellen Selbstbestätigung so fragwürdig geworden wie der Umgang mit Zitaten im Allgemeinen. Der Grundkonsens über das, was man als »Allgemeinbildung« zu verstehen hat, ist verschwunden, der frühere Lektürekanon des Bildungsbürgers im heutigen Schulunterricht längst nicht mehr verbindlich. Dem geflügelten Wort wurden dadurch die Schwingen gestutzt. Außerdem erscheint es in Hinblick auf eine Literaturbetrachtung, bei dem das Werk als Ganzes im Mittelpunkt stehen soll, als nicht mehr salonfähig:

> Kennzeichnend für die Schillerrezeption ist offensichtlich ein Verfahren, das die Texte in ihre Bestandteile auflöst, fragmentiert und einzelne Verse in außerliterarischen Bereichen zitiert und benutzt. [...] Ein solcher Umgang mit Texten widersetzt sich auch einer grundlegenden Regel von Kunst und Literatur überhaupt, nämlich der Orientierung an der Kategorie des Werkes, seiner Einheit und Ganzheit.

Auch das vorliegende Bändchen muss sich diese Kritik der Literaturwissenschaftlerin Ute Gerhard gefallen lassen, zerlegt es doch Schillers Texte in kleine Portionen und bringt diese in neue Zusammenhänge. Doch sollte man abseits aller berechtigten philologischen Skrupel nicht doch fragen: besser ein Schiller als Lektüre für Minuten als gar keiner? Dahinter muss man nicht einmal den pädagogischen Hintergedanken wittern, dass man mit dem Servieren kleiner Lesehäppchen gleichzeitig Appetit auf den ganzen Schiller machen möchte – obwohl es falsch wäre, diese Hoffnung zu leugnen. Falsch wäre es aber auch, sich nicht mit Lesern zufriedenzugeben, die immer noch zweckfreies Vergnügen an Schillers Sprachkraft, an seiner Intelligenz und an seinem Gedankenreichtum finden, die bereit sind, eine Entdeckungsreise auf der Suche nach Lesenswertem zu unternehmen, das sich zur Genüge in den Briefen versteckt, einem weithin unbekannten Terrain – alles bei einem Dichter, der über zweihundert Jahre tot ist, dessen Stimme aber zuweilen erstaunlich lebendig klingt.

I

Ja sehen Sie,
i bin a kurioser Kauz

Es ist ein Unglück meine Beste, dass gutherzige Menschen so gern in das entgegengesetzte Ende geworfen, den *Menschenhass*, wenn einige unwürdige Charaktere ihre warmen Urteile betrügen. Gerade so ging es mir. Ich hatte die halbe Welt mit der glühendsten Empfindung umfasst, und am Ende fand ich dass ich einen kalten Eisklumpen in den Armen hatte.

In meinen Adern siedet etwas – ich möchte gern in dieser holperichten Welt einige Sprünge machen, von denen man erzählen soll.

Ich habe einen so unglücklichen Hang zum Vergrößern, dass oft geringe Veranlassungen meine Hoffnung schwindelnd fortreißen, dass oft der kleinste Umstand mir ein Samenkorn von etwas Unendlichem wird.

Ums Himmels willen aber, beurteilen Sie mich nicht nach einem Kupferstich, den man kürzlich von mir in die Welt gesetzt hat, sonst können Sie zwar die *Räuber*, aber den *Schiller* nicht mehr begreifen; denn jener Kupferstich ist finster wie die Ewigkeit, und der Kupferstecher hat mir fünfzehn Jahre mehr auf die Rechnung gesetzt, als ich mich erinnre, gelebt zu haben.

… ich stürze aus meinen idealistischen Welten, sobald mich ein zerrissner Strumpf an die wirkliche mahnt.

Ich muss ganz andre Anstalten treffen mit Lesen. Ich fühle es schmerzlich, dass ich noch so erstaunlich viel lernen muss, säen muss um zu *ernten*. Im besten Erdreich wird der Dornstrauch keine Pfirsiche tragen, aber ebenso wenig kann der Pfirsichbaum in einer leeren Erde gedeihen. Unsre Seelen sind nur Destillationsgefäße, aber Elemente müssen ihnen Stoff zutragen, um in vollen saftigen Blättern ihn auszuschwellen.

Ich war sechs Tage müßig in Jena. Schon allein das musste mir die reine Freude vergiften.

Es ist möglich, dass ein interessanteres Mädchen mir aufgehoben sein kann, aber das Schicksal lässt es mich vielleicht in 6 oder 8 Jahren finden. Nach meinem 30. Jahr heurate ich nicht mehr. Schon jetzt habe ich die Neigung dazu nicht mehr, ich habe nach Gründen der Notwendigkeit dafür gesprochen. Eine Frau, die ein vorzügliches Wesen ist, macht mich nicht glücklich oder ich habe mich nie gekannt.

Du wirst fragen, was ich denn eigentlich will? Das weiß ich selbst nicht. Aber ich fühle, dass ich noch nicht in dem Element schwimme, für das ich eigentlich gehöre.

Wenn ich nicht alle Freuden der Zukunft im Prospekte zu Hülfe nähme, so würde die Gegenwart mir das Leben entleiden.

Um glücklich zu sein, muss ich in einem gewissen sorgenfreien Wohlstand leben, und dieser muss nicht von den Produkten meines Geists abhängig sein.

… mein Leben hat ohnehin die Farbe eines Romans …

Diese Professur soll der Teufel holen, sie zieht mir einen Louisd'or nach dem andern aus der Tasche. Die geheimen Kanzleien von Gotha und von Coburg haben sich bereits mit Kontos für Expeditionsgebühren eingestellt und mit jedem Posttag drohen mir noch 2 andre von Meiningen und Hildburghausen. Jede kommt mich gegen 5 Taler und die Gothische auf 6 zu stehen. Der Magisterquark soll auch über 30 Taler und die Einführung auf der Universität ihrer 6 kosten. Da hab ich nun schon eine Summe von 60 Talern zu erlegen, ohne was anders als Papier dafür zu haben. Die Sache geht schneller als man gedacht und besonders schneller als mein Beutel darauf gerechnet hat. Ein Glück ists indessen, dass es doch in eine Zeit fällt, wo ich nicht ganz blank bin.

Ich bin dazu verdammt, mich durch die geschmacklosesten Pedanten durchzuschlagen, um Dinge daraus zu lernen, die ich morgen wieder vergesse.

... das, was mich jetzt beschäftigen soll, vielleicht Jahre lang beschäftigen muss, ist von dem Lichtpunkte meiner Fähigkeiten und Neigungen so himmelweit entlegen.

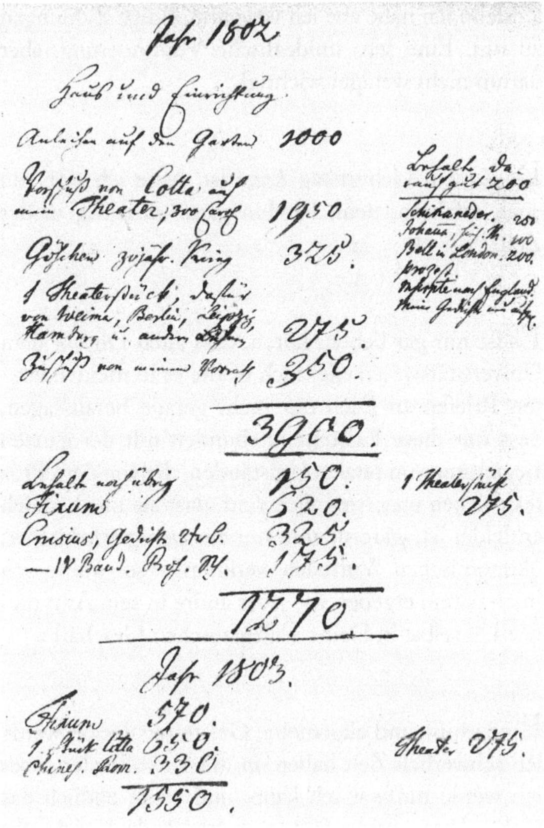
Jahr 1802

Haus und Einrichtung

Anleihen auf den Garten 1000

Vorschuß von Cotta auf mein Theater; zwo Jahre 1950

Göschen 30jähr. Krieg 325

1 Theaterstück, dafür von Weimar, Berlin, Leipzig, Hamburg u. andern Bühnen 775

Zuschuß von meinem Vorrath 350

3900

Erhalt noch übrig 150

Fixum 620

Crusius, Gedichte etc. 325

— IV Band. Pros. Sch. 175

1270

Jahr 1803

Fixum 570

1 Stück Cotta 650

Chines. Rom. 330

1550

Erhalt [illegible] 200

Schikaneder. 200

Johanna, für Th. 100

Bell in London. 200

Prozeß

Manuscripte nach England

Meine Gedichte an [illegible]

1 Theaterstück 775

Theater 775

Arbeits- und Finanzplan Schillers für die Jahre 1802–1809, erstes Blatt

… denn ich habe ehe ich weggehe, einige Zahlungen zu tun. Eine sehr unidealische Verhinderung, aber darum nicht weniger wichtig!

Dass mein Geburtstag *heute* ist, habe ich erst von euch erfahren, denn ich bin ganz unrichtig in der Zeit.

Es ist mir gar lieb zu hören, dass auch Dir vor dem Universitätswesen ekelt; ich wollte es in meinen letzten Briefen an Dich nur nicht gerade heraussagen, dass mir diese Existenz, verbunden mit der ganzen Begleitung von fatalen Umständen, die von dem Professorleben unzertrennlich sind, dass sie mir herzlich entleidet ist; wäre sie mit, nur ein wenig erheblicher, ökonomischen Vorteilen verknüpft, so wollte ich mich darein ergeben wie jeder andre in sein Amt und wie Du selbst in Deine kollegialischen Geschäfte.

Eine große und allgemeine Geistesrevolution werde ich schwerlich Zeit haben, in mir zu vollenden, aber ich werde tun was ich kann, und wenn endlich das Gebäude zusammenfällt, so habe ich doch vielleicht das Erhaltungswerte aus dem Brande geflüchtet.

Die Ordnung, die jedem andern Menschen wohl macht, ist mein gefährlichster Feind, denn ich darf nur in einer bestimmten Zeit etwas Bestimmtes vornehmen *müssen*, so bin ich sicher, dass es mir nicht möglich sein wird.

Glühend für die Idee der Menschheit, gütig und menschlich gegen den einzelnen Menschen, und gleichgültig gegen das ganze Geschlecht, wie es wirklich vorhanden ist – das ist mein Wahlspruch.

Der verkennt mich ganz, der mich als *Lehrer* schätzen will – dazu hat weder die Natur mich berufen, noch mein Bildungsgang mich qualifiziert. Der Lehrer muss gelehrt sein, und es gibt vielleicht unter allen Schriftstellern, die man kennt, wenigstens im philosophischen Felde keinen, der es so wenig ist als ich –

Es gibt gegen eine Stunde des Muts und des Vertrauens immer zehen, wo ich kleinmütig bin und nicht weiß, was ich von mir denken soll.

… und wahrlich, ohne einen gewissen kühnen Glauben an mich selbst würde ich schwerlich fortfahren können.

Solange ich in einer gewissen Ruhe und Gleichförmigkeit lebe, gehen alle Sachen bei mir ihren ordentlichen Gang, aber bin ich einmal herausgeworfen, so kann ich mich Wochen und Monate lang nicht wieder finden.

Ich liebe sehr, ... dass die Hauswirtschaft ordentlich geht; aber ich mag das Knarren der Räder nicht hören.

... was keine Tiefe hat, kann mich nicht lange anziehen.

Leider ist Italien und Rom besonders kein Land für mich, das Physische des Zustandes würde mich drücken und das ästhetische Interesse mir keinen Ersatz geben, weil mir das Interesse und der Sinn für die bildenden Künste fehlt.

... ein solches Häuflein von Kindern als ich um mich habe, kann einen wohl zum Nachdenken bringen.

II

Lieber zehen Briefe schreiben als einmal selbst kommen

Sie werden denken, ich sei indes gestorben, oder ich habe Sie vergessen, weil ich Ihnen nicht eine Zeile schrieb. Das Letztere kann wenigstens nur sein, wenn das Erste ist, und dieses ist ja nun nicht.

Fließt auch zuweilen etwas Melancholisches in meine Briefe mit ein, so müssen Sie denken dass diese Laune vorbei ist, wenn Sie den Brief erhalten.

Ich komme mir jetzt selbst närrisch vor, denn während dass ich an diesem Brief schreibe – schreibe ich auch an der Vorlesung für morgen, und es geht darum nicht schlechter, weil die Illusion, *dass ihr um mich seid*, mich bei heitrer Stimmung erhält. Die Mahomedaner kehren, wenn sie beten, ihr Gesicht nach Mekka; ich werde mir einen Katheder hier anschaffen, wo ich das Meinige gegen Rudolstadt wenden kann, denn dort ist meine Religion und mein Prophet.

Ich will das ersparte Geld zu Federkielen und Briefpapier verwenden, und Sie mit recht vielen Briefen heimsuchen.

... aber auch unbedeutende Dinge interessieren mich, wenn ich sie euch erzähle.

Was werd ich, was kann ich zu meiner Zerstreuung tun? Ich weiß nichts, als Ihnen zu schreiben, aber ich fürchte mich selber in meinen Briefen. Entweder red ich darin zu wenig, oder mehr als Sie hören sollten und ich verantworten kann.

Briefe fachen nur die Sehnsucht an, aber befriedigen sie nicht. Was für ein Unterschied zwischen dem Gruße auf dem Papier, und der seligen Wirklichkeit, die nur an eurem Herzen wohnt!

Das ist überhaupt ein übler Umstand beim Briefschreiben. Das Gemüt ändert sich oft schneller, als der Brief an Ort und Stelle kommt, und man weiß den andern in einem Irrtum, den man ihm selbst gegeben hat, ohne ihn sogleich wieder daraus reißen zu können.

Du darfst bloß schreiben, wie Du sprichst und wie etwa Deine Briefe sind, und Du wirst, bei einer glücklichen Wahl des Stoffes, gewiss Deine Leser befriedigen.

Ich empfehle mich in EE. fernere Gnade und Gewogenheit, und habe die Ehre mit vollkommenster Hochachtung zu verharren

Euer Exzellenz
ganz untertäniger Diener
Schiller.

Nochmals werf ich mich in Ihre Arme, und wünsche nichts anders, als bald, sehr bald, Ihnen mit einem anhaltenden Eifer und mit einer persönlichen Dienstleistung die Verehrung bekräftigen zu können, mit welcher ich mich und alles was ich bin für Sie aufzuopfern wünsche.

Euer Exzellenz
untertäniger
Schiller.

Ich schließe mit der Erklärung meiner vollkommensten Dankbarkeit für den Anteil den Euer Exzellenz bisher an meinem Schicksal genommen, und werde nie aufhören mit der größten Veneration mich zu nennen

Euer Exzellenz

ganz untertänigen Diener

und Verehrer

Schiller MD.

Ich erwarte die gnädigste Antwort mit zitternder Hoffnung, ungedultig aus einem fremden Lande zu meinem Fürsten zu meinem Vaterland zu eilen, der ich in tiefster Submission und aller Empfindung eines Sohns gegen den zürnenden Vater ersterbe

Eurer Herzoglichen Durchlaucht

untertänigsttreugehorsamster

Schiller.

Hol euch alle der Teufel! Bin zu Haus, wenn ihr mich haben wollt.

Adieu.

Schiller.

III

Wo sich die Menschen alles, und ihren Nebenmenschen nichts vergeben

Mein Verzeichnis von Bösewichtern wird mit jedem Tage, den ich älter werde, kürzer, und mein Register von Toren vollzähliger und länger.

In seinen Taten malt sich der Mensch, und welche Gestalt ist es, die sich in dem Drama der jetzigen Zeit abbildet! Hier Verwilderung, dort Erschlaffung: die zwei Äußersten des menschlichen Verfalls, und beide in *einem* Zeitraum vereinigt.

Um die poetische Produktion in Deutschland sieht es aber höchst kläglich aus, und man sieht wirklich nicht, wo eine Literatur für die nächsten 30 Jahre herkommen soll. Auch nicht ein einziges neues Produkt der Poesie weiß ich Ihnen seit langer Zeit zu nennen, was einen neuen Namen an der Spitze trüge, und was einem Freude machte. Dagegen regt sich die eselhafte Nachahmungssucht der Deutschen mehr als jemals, eine Nachahmung die bloß in einem identischen Wiederbringen und Verschlechtern des Urbilds besteht.

Es ist jetzt ein so kläglicher Zustand in der ganzen Poesie, der Deutschen und Ausländer, dass alle Liebe und aller Glaube dazu gehört, um noch an ein Weiterstreben zu denken, und auf eine bessere Zeit zu hoffen. Die *Schlegel-* und *Tieckische* Schule erscheint immer hohler und fratzenhafter, während dass sich ihre Antipoden immer platter und erbärmlicher zeigen, und zwischen diesen beiden Formen schwankt nun das Publikum. An ein Zusammenhalten zu einem guten Zweck ist nicht zu denken, jeder steht für sich und muss sich seiner Haut wie im Naturstande wehren.

Es ist hier [in Weimar] zwar auch nicht viel Geist in Zirkulation, weil aber viele müßige Leute hier sind, so ist ein Bedürfnis da, den Geist zu reizen, und so kommt denn natürlich die Reihe zuerst an Poesie und Kunst.

Ich muss mich doch wirklich drüber wundern, wie unsere Weiber jetzt, auf bloß dilettantischem Wege, eine gewisse Schreibgeschicklichkeit sich zu verschaffen wissen, die der Kunst nahe kommt.

Die hiesigen Damen sind ganz erstaunlich empfindsam. Da ist beinahe keine, die nicht eine Geschichte hätte oder gehabt hätte. Erobern möchten sie gern alle. Da ist zum Beispiel eine Frau von Schardt die Du in jeder andern Gesellschaft für eine ausgelernte Fille de Joye erklären würdest, ein feines nicht hässliches Gesicht, lebhafte aber sehr begehrliche Augen. Sie wollte sich uns nach Jena mit aufhängen, aber wir schüttelten sie ab. Weil ich die hiesigen Teeassembleen nie besuchte, so legte man es Charlotten als einen Despotismus über mich aus. Man kann hier sehr leicht zu einer Angelegenheit des Herzens kommen, welche aber freilich bald genug ihren ersten Wohnplatz verändert.

Von den hiesigen großen Geistern überhaupt kommen einem immer närrische Dinge zu Ohren. Herder und seine Frau leben in einer egoistischen Einsamkeit und bilden zusammen eine Art von heiliger Zweieinigkeit, von der sie jeden Erdensohn ausschließen. Aber weil beide stolz beide heftig sind, so stößt diese Gottheit zuweilen unter sich selbst aneinander. Wenn sie also in Unfrieden geraten sind, so wohnen beide abgesondert in ihren Etagen, und Briefe laufen Treppe auf, Treppe nieder, bis sich endlich die Frau entschließt in eigner Person in ihres Ehgemahls Zimmer zu treten, wo sie eine Stelle aus seinen Schriften rezitiert, mit den Worten: Wer das gemacht hat muss ein Gott sein und auf den kann niemand zürnen – dann fällt ihr der besiegte Herder um den Hals und die Fehde hat ein Ende.

Wieland ist ein jämmerlicher Tropf, wenn er auf sich zu reden kommt, welches kein gar so seltener Fall ist.

Wieland und seine äußerst gute Frau, hässlich wie die Nacht aber brav wie Gold und bis zur kindlichen Einfalt natürlich und munter …

Knebeln wollte ich neulich besuchen, fand ihn aber nicht, und dieser Gefahr setzt man sich oft bei ihm aus, weil sich alle Herrn und Damen um ihn reißen. Seine Diminutiven müssen Sie ihm verzeihen, alles Niedliche ist klein, und alles Niedliche ist schön, daraus schließt er dass alles Kleine schön ist. Das ist überhaupt der fatale süße Ton, den viele glauben mit Ihrem Geschlechte annehmen zu müssen, um Grazie zu zeigen. Knebel hat ihn sich sehr zu eigen gemacht.

… den Gemahl der Frau v. Stein wirst Du antreffen, aber gar wenig Dich an ihm erbauen. Er ist ein leeres

Geschöpf, ein Kopfhänger dabei und sein Verstand ist in täglicher Gefahr. Er ist, glaub ich, schon einmal drum gewesen und wahrscheinlich wird er es wieder.

Weil leider unser Himmel und unsre Erde der eine so trüb die andre so mager ist, so müssen wir sie mit unsern Ideen bevölkern und ausschmücken, und uns an den Geist halten, weil uns der Körper so wenig fesselt. Deswegen philosophieren alle deutschen Dichter, wenige ausgenommen, welche Sie so gut kennen als ich.

Goethens Geist hat alle Menschen, die sich zu seinem Zirkel zählen, gemodelt.

Öfters um Goethe zu sein, würde mich unglücklich machen: er hat auch gegen seine nächsten Freunde kein Moment der Ergießung, er ist an nichts zu fassen; ich glaube in der Tat, er ist ein Egoist in ungewöhnlichem Grade. Er besitzt das Talent, die Menschen zu fesseln, und durch kleine sowohl als große Attentionen sich verbindlich zu machen; aber sich selbst weiß er immer frei zu behalten. Er macht seine Existenz wohltätig kund, aber nur wie ein Gott, ohne sich selbst zu geben – dies scheint mit eine konsequente und planmäßige Handlungsart, die ganz auf den höchsten Genuss der Eigenliebe kalkuliert ist. Ein solches Wesen sollten die Menschen nicht um sich herum aufkommen lassen. Mir ist er dadurch verhasst, ob ich gleich seinen Geist von ganzem Herzen liebe und groß von ihm denke. Ich betrachte ihn wie eine stolze Prude, der man ein Kind machen muss, um sie vor der Welt zu demütigen, und an meinem guten Willen liegt es nicht, wenn ich nicht einmal mit der ganzen Kraft, die ich in mir aufbieten kann, einen Streich auf ihn führe, und in einer Stelle, die ich bei ihm für die tödlichste halte. Eine ganz besondere Mischung von Hass und Liebe ist es, die er in mir erweckt hat, eine Empfindung, die derjenigen nicht ganz unähnlich ist, die Brutus und Cassius gegen Caesar gehabt haben müssen; ich könnte seinen Geist umbringen und ihn wieder von Herzen lieben.

Ich muss lachen, wenn ich nachdenke, was ich Dir von und über Goethen geschrieben haben mag. Du wirst mich wohl recht in meiner Schwäche gesehen und im Herzen über mich gelacht haben, aber mag es immer. Ich will mich gerne von Dir kennen lassen, wie ich bin. Dieser Mensch, dieser Goethe ist mir einmal im Wege, und er erinnert mich so oft, dass das Schicksal mich hart behandelt hat. Wie leicht ward sein Genie von einem Schicksal getragen, und wie muss ich bis auf diese Minute noch kämpfen! Einholen lässt sich alles Verlorene für mich nun nicht mehr – nach dem 30. bildet man sich nicht mehr um – und ich könnte ja selbst diese Umbildung vor den nächsten 3 oder 4 Jahren nicht mit mir anfangen, weil ich 4 Jahre wenigstens meinem Schicksale noch opfern muss. Aber ich habe noch guten Mut, und ich glaube an eine glückliche Revolution für die Zukunft. Könntest Du mir innerhalb eines Jahrs eine Frau von 12 000 Tl. verschaffen, mit der ich leben, an die ich mich attachieren könnte, so wollte ich Dir in 5 Jahren – eine Frideriziade, eine klassische Tragödie und weil Du doch so darauf versessen bist, ein halb Dutzend schöner Oden liefern – und die Akademie in Jena möchte mich dann im Asch lecken.

Es ist zu beklagen, dass Goethe sein Hinschlendern so überhand nehmen lässt und weil er abwechselnd alles treibt, sich auf nichts energisch konzentriert. Er ist jetzt ordentlich zu einem Mönch geworden und lebt in einer bloßen Beschaulichkeit, die zwar keine abgezogene ist aber doch nicht nach außen hin produktiv wirkt. Seit einem Vierteljahr hat er, ohne krank zu sein, das Haus, ja nicht einmal die Stube verlassen. Von dem was er treibt wird er Ihnen selbst Nachricht gegeben haben. Wenn Goethe noch einen Glauben an die Möglichkeit von etwas Gutem und eine Konsequenz in seinem Tun hätte, so könnte hier in Weimar noch manches realisiert werden in der Kunst überhaupt und besonders im Dramatischen. Es entstünde doch etwas, und die unselige Stockung würde sich geben. Allein kann ich nichts machen, oft treibt es mich, mich in der Welt nach einem andern Wohnort und Wirkungskreis umzusehen; wenn es nur irgendwo leidlich wäre, ich ginge fort.

Ich will mit dem Schauspielervolk nichts mehr zu schaffen haben, denn durch Vernunft und Gefälligkeit ist nichts auszurichten, es gibt nur ein einziges Verhältnis zu ihnen, den kurzen Imperativ, den ich nicht auszuüben habe.

IV

Und mit je wenigern Menschen man lebt, desto mehr bedarf man dieser wenigen

Mir für meine kleine stille Person erscheint die große politische Gesellschaft aus der Haselnussschale, woraus ich sie betrachte, ohngefähr so, wie einer Raupe der Mensch vorkommen mag, an dem sie hinaufkriecht.

Auch die Freiheit muss ihren Herrn haben. Ohne Oberhaupt ging Rom und Sparta zu Grunde.

Ihr Könige und Herrscher!
Fürchtet die Zwietracht! Wecket nicht den Streit
Aus seiner Höhle wo er schläft, denn *einmal*
Erwacht bezähmt er spät sich wieder! Enkel
Erzeugt er sich, ein eisernes Geschlecht,
Fortzündet an dem Brande sich der Brand.

Die schnellen Herrscher sind's, die kurz regieren.

Die Großen Herrn sind so selten dabei, wenn sie Böses tun, sollten sie auch das Gute im Hinterhalt stiften?

Ich kann's nicht lassen. Bei einem Prinzen fällt mir immer zuerst ein, ob er nicht zu etwas gut sei?

Dem Undankbaren dient kein rechter Mann!

Für despotisch beherrschte Staaten ist keine Rettung als in dem Untergang.

Der erste Fürst war ein Mörder, und führte den Purpur ein, die Flecken seiner Tat in diesen Blutfarben zu verstecken –

Dem Schwachen ist sein Stachel auch gegeben.

Ein großer Schritt zur Veredlung ist geschehen, dass die Gesetze tugendhaft sind, wenn auch gleich noch nicht die Menschen.

Schiller
Stich nach einem Gemälde von Anton Graff

Das Recht hat nur Entscheidungen für *denkbare* Fälle …

Nur die unverletzbare Heiligkeit der Gesetze kann dem Bürger die Früchte seines Fleißes versichern und ihm jene glückliche Zuversicht einflößen, welche die Seele jeder Tätigkeit ist.

Das Tor

Schmeichelnd locke das Tor den Wilden herein zum Gesetze,
Froh in die freie Natur führ es den Bürger heraus.

Ich tröste mich damit, dass in jedem öffentlichen Amt immer nur der 100. Teil der Absicht erfüllt wird.

Ich hab hier bloß ein Amt und keine Meinung.

Der Mensch ist ein nachahmendes Geschöpf,
Und wer der Vorderste ist, führt die Herde.

Der Mensch ist verehrungswürdig, der den Posten wo er steht, ganz ausfüllt. Sei der Wirkungskreis noch so klein, er ist in seiner Art groß. Wie ungleich mehr Gutes würde geschehen, und wie viel glücklicher würden die Menschen sein, wenn sie auf diesen Standpunkt gekommen wären.

Nicht Stimmenmehrheit ist des Rechtes Probe …

Die Mehrheit?
Was ist die Mehrheit? Mehrheit ist der Unsinn,
Verstand ist stets bei wen'gen nur gewesen.
Bekümmert sich ums Ganze, wer nichts *hat*?
Hat der Bettler eine Freiheit, eine Wahl?
Er muss dem Mächtgen, der ihn bezahlt,
Um Brod und Stiefel seine Stimm verkaufen.
Man soll die Stimmen wägen und nicht zählen,
Der Staat muss untergehn, früh oder spät,
Wo Mehrheit siegt, und Unverstand entscheidet.

Nicht zu gedenken, dass bei einer zahlreichern Menge mehr beschränkte als erleuchtete Köpfe vorauszusetzen sind, die durch das gleiche Recht der Stimmen die Mehrheit nicht selten auf die Seite der Unvernunft lenken.

Titelbild des »Spiegel« vom 4. Oktober 2004.
Schiller ist als »Feuerkopf« mit flammenden Haaren dargestellt

Mit Genehmigung des Spiegel-Verlages, Hamburg

Es ist eine Sprache, die alle Menschen verstehen, diese ist: Gebrauche deine Kräfte. Wenn jeder mit seiner ganzen Kraft wirkt, so kann er dem andern nicht verborgen bleiben.

… und was hat der Mensch dem Menschen Größeres zu geben, als Wahrheit?

Man fodert Anmut von dem, der verpflichtet, und Würde von dem, der verpflichtet wird.

Ein edles Herz
Bekennt sich gern von der Vernunft besiegt.

Nichts ist einer großen Seele unerträglicher, als Ungerechtigkeit zu dulden …

Es bringt
Nicht gute Frucht, wenn Hass dem Hass begegnet.

Eine Versöhnung
Ist keine, die das Herz nicht ganz befreit.
Ein Tropfe *Hass*, der in dem Freudenbecher
Zurückbleibt, macht den Segenstrank zum Gift.

Der bloß *niedergeworfene* Feind kann wieder aufstehen, aber der *versöhnte* ist wahrhaft überwunden.

… ich bin froh, dass die Menschen so versöhnlich sind.

Der Siege göttlichster ist das Vergeben!

Aber so sind die Leute! Sie können es einem nicht vergeben, dass man sie entbehren kann. Und wie teuer verkaufen sie einem die kleinen Freuden, die sie zu geben wissen!

Sie glauben nicht wie drückend es ist, immer unter Bücher zu sitzen, und, so wenig, als wie ich hier, durch freundschaftlichen Umgang dafür schadlos gehalten zu werden.

Nur unter Menschen lernt sich Menschlichkeit.

Mittelmäßiger Umgang schadet mehr, als die schönste Gegend und die geschmackvollste Bildergalerie wieder gut machen können; auch mittelmäßige Menschen wirken …

Sind es denn die Menschen wert, dass ein gescheider Mann ihrentwegen sich aussetze, seinen Verstand zu verlieren? Wahrhaftig sie sind es nicht.

Intoleranz gegen andre Menschen ist eine Klippe, an der besonders gerne die Menschen von Charakter und zartem Gefühle scheitern.

Wenn man die Menschen braucht, so muss man ein Hundsfott werden, oder sich ihnen unentbehrlich machen. Eins von beiden, oder man sinkt unter.

Allmächtig ist doch das Gold, war da mein Gedanke. Auch Mohren kann's bleichen.

Ja wohl ist's besser, Kind, die Gletscherberge
Im Rücken haben, als die bösen Menschen.

Wenn man auf Theatern und Ballsälen Gelegenheit hat, die affektierte Anmut zu beobachten, so kann man oft in den Kabinetten der Minister, und in den Studierzimmern der Gelehrten (auf hohen Schulen besonders) die falsche Würde studieren.

Die Lieder der Deutschen, welche man in fröhlichen Zirkeln singen hört, schlagen fast alle in den platten prosaischen Ton der Freimäurerlieder ein, weil das Leben keinen Stoff zur Poesie gibt ...

Nichts ist in meinen Augen unverzeihlicher als einen Zirkel von Fröhlichen mit seinem schwerfälligen Humor zu stören – und diese Wandelbarkeit der Laune ist leider ein Fluch der auf allen Musensöhnen ruht.

Wer über alles lachen könnte, ... würde die Welt beherrschen.

Selbstporträt Schillers, auf dem Kopf stehend

V

Da man dem Publikum doch alles vormachen muss

Der berufene Leser

Welchen Leser ich wünsche? den unbefangensten, der mich,
Sich und die Welt vergisst und in dem Buche nur lebt.

Gerne verwechselt die Selbstzufriedenheit des Künstlers den lauten brausenden Zuruf, der ihn gleich bei seiner ersten Entscheidung umtönt, mit dem Urteil der *Welt*, und so entscheidet sich oft der Ruhm eines Schriftstellers, ehe noch die gewichtigsten Stimmen mitgesprochen haben.

Man sollte wirklich suchen, Gegenschriften zu veranlassen, wenn sie nicht von selbst kommen; denn an der Schadenfreude fasst man die Menschen am sichersten.

Ich traue nicht gern meinen Urteilen, wo ich weiß dass Leidenschaft mich leitet. Fremde Billigung macht mich sicher.

Die Neugier des Publikums ist das einzige wovon was zu hoffen ist, und wenn diese abgeleitet ist, ist auf nichts mehr zu rechnen.

Wahl

Kannst du nicht *allen* gefallen durch deine Tat und dein Kunstwerk,
Mach es *wenigen* recht, *vielen* gefallen ist schlimm.

… dass ich mich für sehr unglücklich halten würde, für dieses Publikum zu schreiben, wenn es mir überhaupt jemals eingefallen wäre, für ein Publikum zu schreiben.

Der Weg zum Ruhme

Glücklich nenne ich den Autor, der in der Höhe den Beifall
Findet, der deutsche muss nieder sich bücken dazu.

Das einzige Verhältnis gegen das Publikum, das einen nicht reuen kann, ist der Krieg, und ich bin sehr dafür, dass auch der Dilettantism mit allen Waffen angegriffen wird.

Soviel ist auch mir bei meinen wenigen Erfahrungen klar geworden, dass man den Leuten, im Ganzen genommen, durch die Poesie nicht wohl, hingegen recht übel machen kann, und mir deucht, wo das eine nicht zu erreichen ist, da muss man das andere einschlagen. Man muss sie inkommodieren, ihnen ihre Behaglichkeit verderben, sie in Unruhe und in Erstaunen setzen. Eins von beiden, entweder als ein Genius oder als ein Gespenst muss die Poesie ihnen gegenüberstehen. Dadurch allein lernen sie an die Existenz einer Poesie glauben und bekommen Respekt vor den Poeten. Ich habe auch diesen Respekt nirgends größer gefunden als bei dieser Menschenklasse, obgleich auch nirgends so unfruchtbar und ohne Neigung.

Vor einigen Tagen widerfährt mir die herrlichste Überraschung von der Welt. Ich bekomme Pakete aus Leipzig, und finde von 4 ganz fremden Personen Briefe, voll Wärme und Leidenschaft für mich und meine Schriften. Zwei Frauenzimmer, sehr schöne Gesichter, waren darunter. Die eine hatte mir eine kostbare Brieftasche gestickt, die gewiss an Geschmak und Kunst eine der schönsten ist, die man sehen kann. Die andre hatte sich und die 3 andern Personen gezeichnet, und alle Zeichner in Mannheim wundern sich über die Kunst. Ein Dritter hatte ein Lied aus meinen Räubern in Musik gesetzt, um etwas zu tun, das mir angenehm wäre. Sehen Sie meine Beste – so kommen zuweilen ganz unverhoffte Freuden für Ihren Freund, die desto schätzbarer sind, weil freier Wille, und eine reine, von jeder Nebenabsicht reine, Empfindung und Sympathie der Seelen die Erfinderin ist. So ein Geschenk von ganz unbekannten Händen – durch nichts als die bloße reineste Achtung hervorgebracht – aus keinem andern Grund, als mir für einige vergnügte Stunden, die man bei Lesung meiner Produkte genoss, erkenntlich zu sein – ein solches Geschenk ist mir größre Belonung, als der laute Zusammenruf der Welt, die einzige süße Entschädigung für tausend trübe Minuten – Und wenn ich das nun weiter verfolge, und mir denke, dass in der Welt vielleicht mehr solche Zirkel sind, die mich unbekannt lieben, und sich freuten, mich zu kennen, dass vielleicht in 100 und mehr Jahren – wenn auch mein Staub schon lange verweht ist, man mein Andenken segnet, und mir noch im Grabe Tränen und Bewunderung zollt – dann meine Teuerste freue ich mich meines Dichterberufes, und versöhne mich mit Gott und meinem oft harten Verhängnis.

Wie glücklich sind Sie, dass Sie alles so genießen können, glücklich wie die unschuldigen Kinder, für die gesorgt wird ohne dass sie sich darum bekümmern dürfen wo es herkommt. Sie gehen durch das literarische Leben wie durch einen Garten, brechen sich und beriechen was Ihnen gefällt – wenn der Gärtner und seine Jungen über lauter Arbeit nicht einmal die Zeit finden, ihrer Pflanzungen, und was drum herum ist, fröhlich zu genießen.

Ich sprach noch kürzlich mit Humboldt darüber; es ist jetzt platterdings unmöglich mit irgendeiner Schrift, sie mag noch so gut oder noch so schlecht sein, in Deutschland ein *allgemeines* Glück zu machen. Das Publikum hat nicht mehr die Einheit des Kinder-Geschmacks, und noch weniger die Einheit einer vollendeten Bildung. Es ist in der Mitte zwischen beiden, und das ist für schlechte Autoren eine herrliche Zeit, aber für solche, die nicht bloß Geld verdienen wollen, desto schlechter.

Unwahrscheinlich ist es nicht, dass das Publikum sich selbst nicht mehr sehen mag, es fühlt sich in gar zu schlechter Gesellschaft.

Eigen ist es, wie sich bei einem gewissen Zustand der Literatur ein solches Geschlecht von Parasiten oder wie Sie's nennen wollen, erzeugt, die sich aus dem was von andern geleistet ist, eine gewisse Existenz bilden, und ohne das Reich der Kunst oder Wissenschaft selbst zu bereichern oder zu erweitern, doch zum Vertrieb dessen dienen was da ist, Ideen aus Büchern ins Leben bringen, und wie der Wind oder gewisse Vögel den Samen dahin und dortin streuen. Als Zwischenläufer zwischen dem Schriftsteller und dem Publikum muss man sie wirklich sehr in Ehren halten, obgleich es gefährlich sein möchte, sie mit dem Publikum zu verwechseln.

Unter derjenigen Klasse von Schriften, welche eigentlich dazu bestimmt ist, durch die Lesegesellschaften ihren Zirkel zu machen, finden sich, wie man allgemein klagt, so gar wenige, bei denen sich entweder der Kopf oder das Herz der Leser gebessert fände.

Nichts aber ist widerwärtiger, als wenn der platte Charakter sich einfallen lässt, liebenswürdig und naiv sein zu wollen; er, der sich in alle Hüllen der Kunst stecken sollte, um seine ekelhafte Natur zu verbergen. Daher denn auch die unsäglichen Platituden, welche sich die Deutschen unter dem Titel von naiven und scherzhaften Liedern vorsingen lassen, und an denen sie sich bei einer wohlbesetzten Tafel ganz unendlich zu belustigen pflegen. Unter dem Freibrief der Laune, der Empfindung duldet man diese Armseligkeiten – aber einer Laune, einer Empfindung, die man nicht sorgfältig genug verbannen kann.

Die Deutschen wollen Empfindungen und je platter diese sind, desto allgemeiner willkommen …

… dieser Mangel an Darstellungsgabe ist im Ganzen der deutsche Nationalfehler und kompensiert sich, wenigstens einem deutschen Zuhörer gegenüber, durch die deutsche Tugend der Gründlichkeit und des redlichen Ernstes.

Überdem zwingt ja das deutsche Publikum seine Schriftsteller, nicht nach dem Zuge des Genius, sondern nach Spekulationen des Handels zu wählen.

… aber den Deutschen muss man die Wahrheit so derb sagen als möglich …

Herders Predigt hat mir besser als jede andre die ich in meinem Leben zu hören bekommen habe, gefallen – aber ich muss dir aufrichtig gestehen, dass mir überhaupt keine Predigt gefällt. Das Publikum zu welchem ein Prediger spricht, ist viel zu bunt und zu ungleich, als dass seine Manier eine allgemein befriedigende Einheit haben könnte und er darf den schwächlichen Teil nicht ignorieren wie der Schriftsteller. Was kommt also heraus? Entweder er gibt dem Menschen von Sinn Alltagswahrheiten oder Mystik zu hören, weil er dem Blödsinnigen opfern muss – oder er muss diesen skandalisieren und verwirren, um den ersten zu unterhalten. Eine Predigt ist für den gemeinen Mann – der Mann von Geist, der ihr das Wort spricht, ist ein beschränkter Kopf, ein Phantast oder ein Heuchler. Diese Stelle kannst du übrigens beim Vorlesen meines Briefs überschlagen. Die Kirche war gedrängt voll und die Predigt hatte das große Verdienst, nicht lange zu dauren.

Der Unternehmer will bestehen, der Schauspieler will sich zeigen, der Zuschauer will unterhalten und in Bewegung gesetzt sein. Das Vergnügen sucht er, und ist unzufrieden, wenn man ihm da eine Anstrengung zumutet, wo er ein Spiel und eine Erholung erwartet.

Möchte man allerorten von dem Vorurteile zurückkommen, dass theatralische Übungen Personen von Stand und Ehre schänden, gewiss würde dies den guten Geschmack allgemeiner verbreiten, und die Empfindung des Schönen, Guten und Wahren durchgängig mehr beleben und verfeinern, so wie zugleich auch Spieler von Profession mit einem schärfern Wetteifer den Ruhm ihres Standes zu erhalten sich befleissen würden.

Seien Sie versichert, wenn Sie einen Roman, eine Komödie geschrieben haben, so müssen Sie ewig einen Roman eine Komödie schreiben. Weiter wird von Ihnen nichts erwartet, nichts anerkannt – und hätte der berühmte Herr Newton mit einer Komödie debütiert, so würde man ihm nicht nur seine Optik sondern seine Astronomie selbst lange verkümmert haben.

VI

Sein Verstand geht im Ring herum. Ich glaub er macht Verse

Körper und Stimme leiht die Schrift dem stummen Gedanken,
Durch der Jahrhunderte Strom trägt ihn das redende Blatt.

Täglich stoße ich noch auf meinen Mangel an Lektüre, und beinahe fürchte ich, dass ich die letzten zehn Jahre nie ganz werde ersetzen können. Daran hindert mich wie immer das leidige Bedürfnis, dass ich *viel* schreiben muss, und der unglückliche Umstand, dass ich *langsam* arbeite. Nach der gewissenhaftesten Zeitberechnung, wie sie sich nämlich bei solchen willkürlichen Fällen anstellen lässt, bleiben mir des Tages höchstens drei Stunden zur Lektüre – und wie wenig ist das bei einer solchen Anzahl nur der unentbehrlichsten Schriften, die ich nachholen muss.

Bei schriftstellerischen Arbeiten *erholt* man sich nicht, das kann ich Dir aus 10-jähriger Erfahrung für gewiss versichern, und bei Lieblingsarbeiten *verdient* man wenig.

Der Wallenstein hat uns auch noch ein ansehnliches Präsent in einem silbernen Kaffee-Service eingetragen, von der regierenden Herzogin; und so haben sich die Musen diesmal gut aufgeführt.

Wir wollen uns also einstweilen im Luftschiff der Phantasie besuchen …

Untertänigstes Pro memoria

an die Konsistorialrat Körnerische
weibliche Waschdeputation in Loschwitz
eingereicht von einem niedergeschlagenen
Trauerspieldichter

Bittschrift

Dumm ist mein Kopf und schwer wie Blei,
die Tobaksdose ledig
Mein Magen leer – der Himmel sei
dem Trauerspiele gnädig.

Ich kratze mit dem Federkiel
auf den gewalkten Lumpen;
Wer kann Empfindung und Gefühl
aus hohlem Herzen pumpen?

Feur soll ich gießen aufs Papier
mit *angefrornem* Finger? – –
O Phöbus, hassest du Geschmier,
so wärm auch deine Sänger.

Die Wäsche klatscht vor meiner Tür,
es scharrt die Küchenzofe –
und mich – mich ruft das Flügeltier
nach König Philipps Hofe.

Ich steige mutig auf das Ross;
in wenigen Sekunden
seh ich Madrid – am Königsschloss
hab ich es angebunden.

Ich eile durch die Galerie
und – siehe da! – belausche
die junge Fürstin Eboli
in süßem Liebesrausche.

Jetzt sinkt sie an des Prinzen Brust,
mit wonnevollem Schauer,
in *ihren* Augen Götterlust,
doch in den *seinen* Trauer.

Schon ruft das schöne Weib Triumph
schon hör ich – Tod und Hölle!
Was hör ich? – einen nassen Strumpf
geworfen in die Welle.

Und weg ist Traum und Feerei,
Prinzessin, Gott befohlen!
Der Teufel soll die Dichterei
beim Hemderwaschen holen.

gegeben
in unserem jammervollen
Lager F. Schiller.
Haus- und WirtschaftsDichter.
ohnweit dem Keller.

Wie wünschte ich, dass Sie mir Ihre Muse, die Sie jetzt gerade nicht brauchen, zu meiner jetzigen Arbeit leihen können.

Zum Philosophieren ist schon der halbe Mensch genug und die andere Hälfte kann ausruhen; aber die Musen saugen einen aus.

Soviel ist indes gewiss, der Dichter ist der einzige wahre *Mensch*, und der beste Philosoph ist nur eine Karikatur gegen ihn.

… denn ich arbeite etwas schwer und habe, wie Du weißt, immer eine langsame Feder gehabt.

… es ist mir unmöglich, etwas unvollkommen zu lassen, solange ich es noch besser machen kann.

Mein Bedürfnis und Streben ist, aus wenigem viel zu machen, und wenn Sie meine Armut an allem was man erworbene Erkenntnis nennt, einmal näher kennen sollten, so finden Sie vielleicht, dass es mir in manchen Stücken damit mag gelungen sein. Weil mein Gedankenkreis kleiner ist, so durchlaufe ich ihn eben darum schneller und öfter, und kann eben darum meine kleine Barschaft besser nutzen, und eine Mannigfaltigkeit, die dem Inhalte fehlt, durch die Form erzeugen.

Gegenwärtig erscheinen mir die beiden Operationen, des poetischen Hervorbringens und der theoretischen Analysis, wie Nord- und Südpol voneinander geschieden, und ich müsste fürchten, ganz von der Produktion abzukommen, wenn ich mich auf die Theorie zu sehr einlassen wollte.

Der Verstand mit seinen Begriffen ist ein störender Zeuge bei dem poetischen Schöpfungsakt, und das Bewusstsein der Gefahren, die man zu bestehen hat, benimmt die Zuversicht, mit der das Genie in seiner glücklichen Blindheit gerade die größten Taten verrichtet.

Eine Idee kann, isoliert betrachtet, sehr unbeträchtlich und sehr abenteuerlich sein, aber vielleicht wird sie durch eine, die nach ihr kommt, wichtig; vielleicht kann sie in einer gewissen Verbindung mit anderen, die vielleicht ebenso abgeschmackt scheinen, ein sehr zweckmäßiges Glied abgeben: – alles dies kann der Verstand nicht beurteilen, wenn er sie nicht so lange festhält, bis er sie in Verbindung mit diesen anderen angeschaut hat. Bei einem schöpferischen Kopfe hingegen, deucht mir, hat der Verstand seine Wache von den Toren zurückgezogen, die Ideen stürzen pêlemêle herein, und alsdann erst übersieht und mustert er den großen Haufen.

So viel habe ich nun aus gewisser Erfahrung, dass nur strenge Bestimmtheit der Gedanken zu einer Leichtigkeit verhilft.

Nur in Wegwerfung des Zufälligen und in dem reinen Ausdruck des Notwendigen liegt der *große Stil.*

Bei der Armut an Anschauungen und Erfahrungen nach außen, die ich habe, kostet es mir jederzeit eine eigene Methode und viel Zeitaufwand einen Stoff sinnlich zu beleben.

… die beständige Richtung des Geistes auf *einen* Gegenstand wird zuletzt zu einer lästigen Gefangenschaft, und Veränderung ist nötig, um die Seele frisch zu machen.

Der Dichter muss, wenn ich so sagen darf, sein eigener Leser, und wenn er ein theatralischer ist, sein eigenes Parterre und Publikum sein.

Zu lyrischen Arbeiten gehört ein gewisser poetischer Müßiggang …

Das lyrische Fach, das Du mir anweisest, sehe ich eher für ein *Exilium*, als für eine *eroberte Provinz* an. Es ist das kleinlichste und auch undankbarste unter allen. Zuweilen ein Gedicht lasse ich mir gefallen; wiewohl mich die Zeit und Mühe, die mir die Künstler gekostet haben, auf viele Jahre davon abschrecken.

Man sollte wirklich alles, was sich über das Gemeine erheben muss, in Versen wenigstens anfänglich konzipieren, denn das Platte kommt nirgends so ins Licht, als wenn es in gebundener Schreibart ausgesprochen wird.

Das ist eine Unart des Reims, dass er fast immer an den Poeten erinnert, so wie in der freien Natur eine mathematisch strenge Anordnung, eine Allee z. B. an die Menschenhand.

Der Ursprung des Reims mag noch so gemein und unpoetisch sein, man muss sich an den Eindruck halten, den er macht, und dieser lässt sich durch kein Raisonnement wegdisputieren.

Warum strichen Sie den Reim zwischen *Sklave* und *Schlafe*, *Nerve* und *Unterwerfe* an? Ich kenne in der Aussprache keine Verschiedenheit und für das Auge braucht der Reim nicht zu sein.

Besonders sind mir der Hexameter und Pentameter, die mich nie genug interessiert hatten, ganz fremd, in Rücksicht auf Theorie und Kritik.

Das Distichon

Im Hexameter steigt des Springquells flüssige Säule,
Im Pentameter drauf fällt sie melodisch herab.

Es gibt *Arbeiten*, bei denen das Lernen die Hälfte, das *Denken* die andere Hälfte tut. Zu einem Schauspiel brauche ich kein Buch aber meine ganze Seele und alle meine Zeit. Zu einer z. B. historischen Arbeit tragen mir Bücher die Hälfte bei. Die Zeit welche ich für beide verwende ist ohngefähr gleich groß. Aber am Ende eines historischen Buchs habe ich Ideen erweitert, neue empfangen – am Ende eines verfertigten Schauspiels vielmehr verloren.

Der Abschied von den schönen freundlichen Musen ist immer hart und schwer, und die Musen – ob sie schon Frauenzimmer sind – haben ein rachsüchtiges Gemüt. Sie wollen verlassen, aber nicht verlassen werden, und wenn man ihnen den Rücken gekehrt hat, so kommen sie nachher auf kein Rufen mehr zurück. Wenn dies aber auch nicht wäre, so rächen sie sich schon durch ihre Abwesenheit genug.

Oft widerfährt es mir, dass ich mich der *Entstehungsart* meiner Produkte, auch der gelungensten, schäme. Man sagt gewöhnlich, dass der Dichter seines Gegenstandes *voll* sein müsse, wenn er *schreibe*. Mich kann oft eine einzige, und nicht immer eine wichtige, Seite des Gegenstandes einladen, ihn zu bearbeiten, und erst unter der Arbeit selbst entwickelt sich Idee aus Idee. Was mich antrieb, die *Künstler* zu machen, ist gerade weggestrichen worden, als sie fertig waren. So war's beim Karlos selbst. Mit Wallenstein scheint es etwas besser zu gehen; hier war die Hauptidee auch die Aufforderung zum Stücke. Wie ist es aber nun möglich, dass bei einem so unpoetischen Verfahren doch etwas Vortreffliches entsteht? Ich glaube, es ist nicht immer die lebhafte Vorstellung seines Stoffes, sondern oft nur ein *Bedürfnis* nach Stoff, ein unbestimmter Drang, nach Ergießung strebende Gefühle, was Werke der Begeisterung erzeugt.

Es ist freilich leichter tadeln als hervorbringen. Dabei fällt mir mein eigenes Pensum ein, das noch immer sehr ungestaltet da liegt. Wüssten es nur die allzeit fertigen Urteiler und die leicht fertigen Dilettanten, was es kostet, ein ordentliches Werk zu erzeugen.

Die Teilung der Erde

Nehmt hin die Welt! rief Zeus von seinen Höhen
 Den Menschen zu, nehmt, sie soll euer sein.
Euch schenk ich sie zum Erb' und ew'gen Lehen,
 Doch teilt euch brüderlich darein.

Da eilt was Hände hat, sich einzurichten,
 Es regte sich geschäftig jung und alt.
Der Ackermann griff nach des Feldes Früchten,
 Der Junker birschte durch den Wald.

Der Kaufmann nimmt, was seine Speicher fassen,
 Der Abt wählt sich den edeln Firnewein,
Der König sperrt die Brücken und die Straßen,
 Und sprach, der Zehente ist mein.

Ganz spät, nachdem die Teilung längst geschehen,
 Naht der Poet, er kam aus weiter Fern'.
Ach! da war überall nichts mehr zu sehen,
 Und alles hatte seinen Herrn.

Weh mir! So soll denn ich allein von allen
    Vergessen sein, ich, dein getreuster Sohn?
So ließ er laut der Klage Ruf erschallen,
    Und warf sich hin vor Jovis Thron.

Wenn du im Land der Träume dich verweilet,
    Versetzt der Gott, so hadre nicht mit mir.
Wo warst du denn, als man die Welt geteilet?
    Ich war, sprach der Poet, bei dir.

Mein Auge hing an deinem Angesichte,
    An deines Himmels Harmonie mein Ohr,
Verzeih dem Geiste, der, von deinem Lichte
    Berauscht, das Irdische verlor!

Was tun! spricht Zeus, die Welt ist weggegeben,
    Der Herbst, die Jagd, der Markt ist nicht mehr mein.
Willst du in meinem Himmel mit mir leben
    So oft du kommst, er soll dir offen sein!

Wir Poeten sind selten so glücklich, dass die Könige uns lesen, und noch seltner geschieht's, dass sich ihre Diamanten zu uns verirren. Ihr Herren Staats- und Geschäftsleute habt eine große Affinität zu diesen Kostbarkeiten; aber unser Reich ist nicht von dieser Welt.

Gesang und Liebe in schönem Verein
Sie erhalten dem Leben den Jugendschein.

Quelle der Verjüngung

Glaubt mir, es ist kein Märchen, die Quelle der Jugend, sie rinnet
Wirklich und immer, ihr fragt wo? In der dichtenden Kunst.

… Leidenschaft für die Dichtkunst ist feurig und stark, wie die *erste* Liebe.

Wie die Gottheit hinter dem Weltgebäude, so steht er [der Dichter] hinter seinem Werk; Er ist das Werk und das Werk ist Er …

Jede Dichtung ist nichts anderes, als eine enthusiastische Freundschaft oder platonische Liebe zu einem Geschöpf unsers Kopfes.

Der leereste Sünder kann die Gabe der Versifikation besitzen, wenn der geistvolle Denker in diesem Halseisen fast erstickt.

Wie groß muss das Originalgenie also sein, das weder in seinem Himmelstrich und Erdreich noch in seinem gesellschaftlichen Kreis Aufmunterung findet, und aus der Barbarei selbst hervorspringt.

Die verwickeltsten Aufgaben muss das Genie mit anspruchloser Simplizität und Leichtigkeit lösen; das Ei des Columbus gilt von jeder genialischen Entscheidung. Dadurch allein legitimiert es sich als Genie, dass es durch Einfalt über die verwickelte Kunst triumphiert. Es verfährt nicht nach erkannten Prinzipien sondern nach Einfällen und Gefühlen; aber seine Einfälle sind Eingebungen eines Gottes (alles was die gesunde Natur tut ist göttlich) seine Gefühle sind Gesetze für alle Zeiten und für alle Geschlechter der Menschen.

… das Menschliche ist immer der Anfang des Poetischen, das nur der Gipfel davon ist.

In der Poesie endigen alle Bahnen des menschlichen Geistes …

Was ist der Phantasie nicht möglich? Was ist einem Dichter nicht erlaubt?

Es ist, wie man weiß, niemals der *Stoff*, sondern bloß die *Behandlungsweise*, was den Künstler und Dichter macht; ein Hausgeräte und eine moralische Abhandlung können beide durch eine geschmackvolle Ausführung zu einem freien Kunstwerk gesteigert werden, und das Porträt eines Menschen wird in ungeschickten Händen zu einer gemeinen Manufaktur herabsinken.

Sobald mir einer merken lässt, dass ihm in poetischen Darstellungen irgendetwas näher anliegt als die innre Notwendigkeit und Wahrheit, so gebe ich ihn auf.

… ein Dichter nehme sich ja in Acht, mitten im Schmerz den Schmerz zu besingen.

Eine *schlechte* Übersetzung ist die schlechteste aller Schlechtigkeiten, und eine *gute* Übersetzung kostet Zeit.

Es ist ein armseliges kleinliches Ideal, für *eine* Nation zu schreiben; einem philosophischen Geist ist diese Grenze durchaus unerträglich.

An die Freunde

Lieben Freunde! Es gab schönre Zeiten
Als die unsern – das ist nicht zu streiten!
Und ein edler Volk hat einst gelebt.
Könnte die Geschichte davon schweigen,
Tausend Steine würden redend zeugen,
Die man aus dem Schoß der Erde gräbt.
Doch es ist dahin, es ist verschwunden
Dieses hochbegünstigte Geschlecht.
Wir, wir *leben*! Unser sind die Stunden,
Und der Lebende hat Recht.

Freunde! Es gibt glücklichere Zonen,
Als das Land, worin wir leidlich wohnen,
Wie der weitgereiste Wandrer spricht.
Aber hat *Natur* uns viel entzogen,
War die *Kunst* uns freundlich doch gewogen,
Unser Herz erwarmt an *ihrem* Licht.

Will der Lorbeer hier sich nicht gewöhnen,
Wird die Myrte unsers Winters Raub,
Grünet doch, die Schläfe zu bekrönen,
Uns der Rebe muntres Laub.

Wohl von größerm Leben mag es rauschen,
Wo vier Welten ihre Schätze tauschen,
An der Themse, auf dem Markt der Welt.
Tausend Schiffe landen an, und gehen,
Da ist jedes Köstliche zu sehen,
Und es herrscht der Erde Gott, das Geld.
Aber nicht im trüben Schlamm der Bäche,
Der von wilden Regengüssen schwillt,
Auf des stillen Baches ebner Fläche
Spiegelt sich das Sonnenbild.

Prächtiger als *wir* in unserm Norden
Wohnt der Bettler an der Engelspforten,
Denn er sieht das ewig einz'ge Rom!
Ihn umgibt der Schönheit Glanzgewimmel,
Und ein zweiter Himmel in den Himmel
Steigt Sankt Peters wunderbarer Dom.
Aber Rom in allem seinem Glanze
Ist ein Grab nur der Vergangenheit,
Leben duftet nur die frische Pflanze,
Die die grüne Stunde streut.

Größres mag sich anderswo begeben,
Als bei uns, in unserm kleinen Leben,
Neues – hat die Sonne nie gesehn.
Sehn wir doch das Große *aller* Zeiten
Auf den Brettern, die die Welt bedeuten,
Sinnvoll, still an uns vorübergehn.
Alles wiederholt sich nur im Leben,
Ewig jung ist nur die Phantasie,
Was sich nie und nirgends hat begeben,
Das allein veraltet nie!

Nur unter dem feinen griechischen Himmel gab es einen Homer, einen Plato und Phidias; nur dort standen Musen und Grazien auf, wenn das neblichte Lappland kaum *Menschen*, ewig niemals ein Genie gebiert. Als unser Teutschland noch waldigt, rau und sumpficht war, war der Teutsche ein Jäger, roh wie das Wild, dessen Fell er um seine Schultern schlug. So bald die Arbeitsamkeit die Gestalt seines Vaterlands umänderte, fing die Epoche seiner Sittlichkeit an. Ich will nicht behaupten, dass das Klima die einzige Quelle des Charakters sei, aber gewiss muss, um ein Volk aufzuklären, eine Hauptrücksicht dahin genommen werden, seinen Himmel zu verfeinern.

Lateinische Wörter wie Kultur fallen in der Poesie etwas widrig auf.

Die Gartenkunst und die dramatische Dichtkunst haben in neuern Zeiten ziemlich dasselbe Schicksal, und zwar bei denselben Nationen, gehabt. Dieselbe Tyrannei der Regel in den französischen Gärten und in den französischen Tragödien; dieselbe bunte und wilde Regellosigkeit in den Parks der Engländer und in ihrem Shakespeare; und so wie der deutsche Geschmack von jeher das Gesetz von den Ausländern empfangen, so musste er auch in diesem Stück zwischen jenen beiden Extremen hin und her schwanken.

Die Werke des dramatischen Dichters werden schneller als alle andre von dem Zeitstrom ergriffen, er kommt selbst wider Willen mit der großen Masse in eine vielseitige Berührung, bei der man nicht immer rein bleibt.

Wenn man 30 Schauspiele sähe, und man fragte sich bei jeder vollendeten Vorstellung: Was hat der Dichter damit sagen wollen? was war seine Absicht, sein Zweck? was war Gutes oder Schlechtes daran? wie hat er dieses oder jenes gehalten? Wenn man sich so von jeder Szene Rechenschaft gäbe, so wäre es keine Frage dass man am Ende das 31. selbst verfertigen könnte. Und auf was für einen großen Grad von Vollkommenheit und Einsicht könnte der Mensch nicht kommen, wenn er es mit allen was ihm begegnete, und was in seiner Seele vorginge, so machte.

Es gibt ein Karten*spiel* und es gibt ein Trauer*spiel*; aber offenbar ist das Kartenspiel viel zu *ernsthaft* für diesen Namen.

Wenn wir es unternehmen wollten, Lustspiel und Trauerspiel nach dem Maß der erreichten Wirkung zu schätzen, so würde vielleicht die Erfahrung dem ersten den Vorrang geben.

Die höchste Harmonie

Ödipus reißt die Augen sich aus, Jokasta erhenkt sich,
Beide schuldlos; das Stück hat sich harmonisch gelöst.

Der Komödiendichter, dessen Genie sich am meisten von dem wirklichen Leben nährt, ist eben daher auch am meisten der Plattheit ausgesetzt …

Kein geringer Gewinn wäre es für die Wahrheit, wenn bessere Schriftsteller sich herablassen möchten, den schlechten die Kunstgriffe abzusehen, wodurch sie sich Leser erwerben, und zum Vorteil der guten Sache davon Gebrauch zu machen.

Ein deutsches Meisterstück

Alles an diesem Gedicht ist vollkommen, Sprache, Gedanke,
Rhythmus, das einzige nur fehlt noch, es ist kein Gedicht.

Dilettant

Weil ein Vers dir gelingt in einer gebildeten Sprache,
Die für dich dichtet und denkt, glaubst du schon Dichter zu sein?

Simplizität ist das Resultat der Reife …

Schüchtern trete der Künstler vor die Kritik und das Publikum, aber nicht die Kritik vor den Künstler, wenn es nicht einer ist, der ihr Gesetzbuch erweitert.

Wie verwahrt sich aber der Künstler vor den Verderbnissen seiner Zeit, die ihn von allen Seiten umfangen? Wenn er ihr Urteil verachtet.

An die Muse

Was ich ohne dich wäre, ich weiß es nicht –
aber mir grauet,
Seh ich, was ohne *Dich* Hundert' und Tausende
sind.

... es ist leider bekannt genug, dass Dichter am frühesten verblühen.

VII

In der Wahrheit findet man das Schöne

… aber alles Gute und Schöne, wie Sie schon aus dem lieben Evangelium wissen, hat wie die Sakramente eine *unsichtbare Wirkung* und ein *sichtbares* Zeichen.

Mitteilung

Aus der schlechtesten Hand kann Wahrheit mächtig noch wirken,
Bei dem Schönen allein macht das Gefäß den Gehalt.

Schönheit also ist nichts anders als Freiheit in der Erscheinung.

Die schönste Erscheinung

Sahest du nie Schönheit im Augenblicke des Leidens,
Niemals hast du die Schönheit gesehn.
Sahst du die Freude nie in einem schönen Gesichte,
Niemals hast du die Freude gesehn!

… wie auch ein kleines Ganze, eine einfache Idee durch die vollkommene Darstellung einem den Genuss des höchsten geben kann.

Das tiefe Meer erscheint am erhabensten in seiner Bewegung, der klare Bach am schönsten in seinem ruhigen Lauf.

Wahre Schönheit, wahre Anmut soll niemals Begierde erregen. Wo diese sich einmischt, da muss es entweder dem Gegenstand an Würde, oder dem Betrachter an Sittlichkeit der Empfindungen mangeln.

… auch das Minderschöne, auch das Nichtschöne kann sich *schön bewegen*.

Auch im elendesten Äsopischen Krüppel kann eine große liebenswürdige Seele, wie ein Rubin aus dem Schlamme glänzen …

Eine edle Seele erträgt so wenig anhaltende moralische Dissonanzen, als das Ohr das Gekritzel eines Messers auf Glas.

Unterschied der Stände

Adel ist auch in der sittlichen Welt. Gemeine Naturen
Zahlen mit dem, was sie *tun*, edle mit dem, was sie *sind.*

Ein großes Muster weckt Nacheiferung
Und gibt dem Urteil höhere Gesetze.

Nachzuahmen
Erniedrigt einen Mann von Kopf.

Man muss dem äußeren Auge nie so viel bieten, wenn man der inneren Anschauung bedarf!

Der Bildhauer soll und will uns den *Menschen* zeigen, und Gewänder verbergen denselben; also verwirft er sie mit Recht.

Bedeutung

»Was *bedeutet* dein Werk?«, so fragt ihr den Bildner des Schönen,
Frager, ihr habt nur die Magd, niemals die Göttin gesehn.

In Sachen der schönen Kunst wird die Möglichkeit nur durch die Tat bewiesen ...

Der Geschmack fodert Mäßigung und Anstand, er verabscheut alles, was eckigt, was hart, was gewaltsam ist und neigt sich zu allem, was sich leicht und harmonisch zusammenfügt.

Zweierlei Wirkungsarten

Wirke Gutes, du *nährst* der Menschheit göttliche Pflanze,
Bilde Schönes, und du streust *Keime* der göttlichen aus.

Der schöne Geist und der Schöngeist

Nur das Leichtere trägt auf leichten Schultern der Schöngeist,
Aber der schöne Geist trägt das Gewichtige leicht.

Die Schönheit der poetischen Darstellung ist »*freie Selbsthandlung der Natur in den Fesseln* der Sprache«.

Wer etwas Großes leisten will, muss tief eindringen, scharf unterscheiden, vielseitig verbinden, und standhaft beharren. Selbst der Künstler und Dichter, obgleich beide nur für das Wohlgefallen bei der Betrachtung arbeiten, können nur durch ein anstrengendes und nichts weniger als reizendes Studium dahin gelangen, dass ihre Werke uns spielend ergötzen.

Dieses scheint mir auch der untrügliche Probierstein zu sein, woran man den bloßen Dilettanten von dem wahrhaften Kunstgenie unterscheiden kann.

Der ist ein Stümper, der sein Werk nur auf die Hälfte bringt, und dann weggeht, und müßig zugafft, wie es weiter damit werden wird.

VIII

Mensch ist Mensch. Das muss ich wissen

Erwartung und Erfüllung

In den Ozean schifft mit tausend Masten der Jüngling,
Still, auf gerettetem Boot, treibt in den Hafen der Greis.

Aber die Zeit ist ein kaltes fühlloses Ding das von Freud und Leid der Menschen keine Notiz nimmt, und für lauter Eigensinn immer langsamer geht, je mehr man es fortstößt, und wenn sie uns ja einmal eine solche Gefälligkeit erweist, so ist sie von dem kleinen Kapital unsers Lebens gestohlen.

Nicht, weil wir denken, wollen, empfinden, sind wir; nicht weil wir sind, denken, wollen, empfinden wir. Wir sind, weil wir sind; wir empfinden, denken und wollen, weil außer uns noch etwas anderes ist.

Der Mensch besitzt nicht, was er nur in seiner Seele empfindet. Er muss es herausstellen in das lebendige Sein und außer sich anschauen.

Das edelste Vorrecht der menschlichen Natur ist, sich selbst zu bestimmen, und das Gute um des Guten willen tun.

Ich glaube, erst alsdann, wenn man das *Gute* eines Dinges eingesehen hat, ist man berechtigt, das Urteil über das Schlimme zu sprechen.

– – Ja, wer durchs Leben gehet ohne Wunsch,
Sich jeden Zweck versagen kann, der wohnt
Im leichten Feuer mit dem Salamander,
Und hält sich rein im reinen Element.

Es ist nichts als die Tätigkeit nach einem bestimmten Ziel, was das Leben erträglich macht.

Die Hauptsache ist der Fleiß, denn dieser gibt nicht nur die Mittel des Lebens, sondern er gibt ihm auch seinen alleinigen Wert.

O! nimm der Stunde wahr, eh' sie entschlüpft.
So selten kommt der Augenblick im Leben,
Der wahrhaft wichtig ist und groß. Wo eine
Entscheidung soll geschehen, da muss vieles
Sich glücklich treffen und zusammenfinden, – –
Und einzeln nur, zerstreuet zeigen sich
Des Glückes Fäden, die Gelegenheiten,
Die nur in *einen* Lebenspunkt zusammen-
Gedrängt, den schweren Früchteknoten bilden.

Der Mensch sollte sich gewöhnen, und es sich zum festen Gesetze machen, keinen Tag hingehen zu lassen, ohne, wäre es auch nur auf eine Viertelstunde, seine ganzen Seelenkräfte zu üben, und sie auf einen einzigen Punkt zu richten.

Jeder beurteilt fremde Handlungsarten nach der seinigen …

Der Realist wird fragen, *wozu eine Sache gut sei?* und die Dinge nach dem, was sie wert sind, zu taxieren wissen: der Idealist wird fragen, *ob sie gut sei?* und die Dinge nach dem taxieren, was sie würdig sind.

Ich kenne nur *ein* Geheimnis, den Menschen vor Verschlimmerung zu bewahren, und dieses ist – sein Herz gegen Schwächen zu schützen.

… allein was sein *muss* zieht nicht erst die Laune und die Lieblingsneigung zu Rat.

Im Gewebe unsers Lebens spielen *Zufall* und *Plan* eine gleich große Rolle; den Letztern lenken *wir*, dem Erstern müssen wir uns blind unterwerfen.

… Kleinigkeiten tragen oft die schwerste Gewichte im Verlauf unsers Lebens.

Wohl wär es besser, überall dem Herzen
Zu folgen, doch darüber würde man
Sich manchen guten Zweck versagen müssen.

Ein offenes Herz zeigt eine offene Stirn.

Was man nicht aufgibt, hat man nie verloren.

Alles zu retten, muss *alles* gewagt werden. Ein verzweifeltes Übel will eine verwegene Arznei.

Ein hohes Kleinod ist der gute Name …

Ehrlicher Name! – Wahrhaftig eine reichhaltige Münze mit der sich meisterlich schachern lässt, wer's versteht, sie gut auszugeben.

… der verschenkte Raub hat noch keinem Dieb von dem Galgen geholfen.

Nicht hoffe, wer des Drachen Zähne sät,
Erfreuliches zu ernten. Jede Untat
Trägt ihren eignen Rache-Engel schon,
Die böse Hoffnung, unter ihrem Herzen.

… der Neid
Hat scharfe Augen.

– Wenn an das Gute
das ich zu tun vermeine, allzu nah

was gar zu Schlimmes grenzt, so tu ich lieber
das Gute nicht –

Man muss einen Fehler mit Anmut rügen, und mit Würde bekennen.

Schwimme, wer schwimmen kann, und wer zu plump ist geh' unter!

Doch große Seelen dulden still.

Nach langem Hin und Herüberschwanken kommt jedes Ding doch endlich in seine ordentliche waagrechte Lage.

… *Dein* Schicksal ruht in deiner eignen Brust!

… Zuversicht ist die Mutter großer Taten.

… Wer nichts waget, der darf nichts hoffen.

Denn nur der große Gegenstand vermag
Den tiefen Grund der Menschheit aufzuregen,
Im engen Kreis verengert sich der Sinn,
Es wächst der Mensch mit seinen größern Zwecken.

Ein Diadem erkämpfen ist *groß*. Es wegwerfen ist göttlich.

Der Starke achtet es
Gering, die leise Quelle zu verstopfen,
Weil er dem Strome mächtig wehren kann.

… die Phantasei, der mutwillige Affe der Sinne gaukelt unserer Leichtglaubigkeit seltsame Schatten vor –

Kleinmut ist die höchste Gefahr. Größe will auch ein Opfer haben.

Wahre Größe schimmert aus einem niedrigen Schicksal nur desto herrlicher hervor …

Streben wir nicht allzuhoch
Hinauf, dass wir zu tief nicht fallen mögen.

... wo große Höh, ist große Tiefe.

Verflucht sei, wer sein Leben an das Große
Und Würd'ge wendet und bedachte Plane
Mit weisem Geist entwirft! Dem Narrenkönig
Gehört die Welt –

Sterben ist etwas mehr als Harlequins Sprung, und Todes-Angst ist ärger als Sterben.

Der Tod kann kein Übel sein, da er etwas Allgemeines ist.

IX

Wenn ich beten könnte

Man sollte es sich zur heiligsten Pflicht machen dem Kinde nicht zu früh einen Begriff von Gott beibringen zu wollen. Die Forderung muss von innen heraus geschehen, und jede Frage die man beantwortet ehe sie aufgeworfen ist, ist verwerflich. Man sagt dem Kinde öfters im 6.–7. Jahre etwas von Schöpfer und Erhalter der Welt, wo es den *großen schönen Sinn* dieser Worte noch nicht ahnden kann, und so sich seine eigenen verworrnen Vorstellungen macht. Entweder verhindert man durch dieses zu frühe Erklären den schönen Augenblick des Kindes ganz, wo es das Bedürfnis fühlt, zu wissen, *woher es kommt, und wozu es da ist* – oder kommt er ja, so ist doch das Kind schon so kalt durch seine vorhergegangenen Ideen geworden, dass man ihn nie wird die Wärme einflößen können, die es gefühlt haben würde, wenn man ihm Zeit bis zu diesen entscheidenden Augenblicke gelassen hätte. Und das Kind hat vielleicht seine ganze Lebenszeit daran zu wenden um jene irrigen Vorstellungen wieder zu verlieren oder wenigsten zu schwächen.

Der Teleolog

Welche Verehrung verdient der Weltenschöpfer, der gnädig,
Als er den Korkbaum schuf, gleich auch die Stöpsel erfand!

Religiöse Schwärmerei ist und kann nur Gemütern eigen sein, die beschauend und müßig in sich selbst versinken …

Das Theater tröste sich mit seinen würdigern Schwestern der Moral und – furchtsam wage ich die Vergleichung – der Religion, die ob sie schon in heiligem Kleide kommen, über die Befleckung des blöden und schmutzigen Haufens nicht erhaben sind.

Man findet Gemälde aus der heiligen Geschichte, wo die Apostel, die Jungfrau und Christus selbst einen Ausdruck haben, als wenn sie aus dem gemeinsten Pöbel wären aufgegriffen worden.

Aber von jeher haben die Nachfolger Petri in der Verwirrung geerntet.

Das gemeinschaftliche Ziel des Despotismus und des Priestertums ist *Einförmigkeit*, und Einförmigkeit ist ein notwendiges Hülfsmittel der menschlichen Armut und Beschränkung.

Schlagfertige Antwort

In einigen öffentlichen Blättern wurde vor einiger Zeit die Grille von der bevorstehenden Verheuratung der katholischen Weltgeistlichen verbreitet; zwei artige Frauenzimmer zankten sich deswegen miteinander, welche von beiden wohl den ehrwürdigen Kaplan bekommen sollte. Schont eure Nägel und Haare, sagte der ehrwürdige Pater, dann wann es ja einmal so weit kommen sollte, so dörfen wir, so wie die Priester der griechischen Kirche, nur Jungfern heuraten.

Die *Geistlichkeit* war von jeher eine Stütze der königlichen Macht, und musste es sein. Ihre goldne Zeit fiel immer in die Gefangenschaft des menschlichen Geistes, und, wie jene, sehen wir sie vom *Blödsinn* und von der *Sinnlichkeit* ernten.

Ich habe noch nie ein Frauenkloster gesehen und wollte es bei dieser Gelegenheit. Die Schwester des alten Arnim ist dort Superiorin und das jüngste Fräulein ist eine Pensionaire darin. Ich hatte anfangs eine Unterredung vor dem Gitter, dann wurde mir aufgeschlossen und ich wurde im Kloster – nur nicht in den Schlafzellen – herumgeführt. Ich ließ mir die Einrichtung und Lebensart erzählen, und fand es wahr, was man von den Nonnen sagt, dass sie die höchste Zufriedenheit mit ihrem Zustand heucheln. Es waren lauter fröhliche Gesichter, aber freilich der verdrehten Augen genug. Weil ich nach langer Zeit vielleicht die erste junge Mannsperson war die sich im Innern des Klosters sehen lies, so wurd ich ziemlich angegafft, und Nonnen wechselten mit Nonnen.

Das Universum ist ein Gedanke Gottes.

Wir Menschen stehen vor dem Universum, wie die Ameise vor einem grossen majestätischen Palaste.

… ohne Götter fällt kein Haar
Vom Haupt des Menschen – Siehst du dort die Sonne
Am Himmel niedergehen – So gewiss
Sie morgen wiederkehrt in ihrer Klarheit,
So unausbleiblich kommt der Tag der Wahrheit!

Wo Menschenkunst
Nicht zureicht, hat der Himmel oft geraten.

... und alles wanket, wo der Glaube fehlt.

Wenn die Religion in einem Lande wankt, so wankt sie nicht allein ...

SPIEGELBERG. ... was liegt daran, wohin auch die Seele fährt? Wenn Scharen vorausgesprengter Kuriere unsere Niederfahrt melden, dass sich die Satane festtäglich herausputzen, sich den tausendjährigen Ruß aus den Wimpern stäuben, und Myriaden gehörnter Köpfe aus der rauchenden Mündung ihrer Schwefel-Kamine hervorwachsen, unsern Einzug zu sehen?

Das Tadeln ist immer ein dankbarerer Stoff als das Loben, das wiedergefundene Paradies ist nicht so gut geraten als das verlorene, und Dantes Himmel ist auch viel langweiliger als seine Hölle.

Die Schande *nimmt ab* mit der *wachsenden* Sünde.

O wenn die Lüge eine so haltbare Farbe hat, wie ging es zu, dass sich kein Teufel noch in das Himmelreich hineinlog?

O die Vorsehung ist dabei, wenn Sperlinge fallen, warum nicht, wo ein Teufel entlarvt werden soll?

... wenn der ehrliche Mann einmal aus dem Nest gejagt ist, so ist der Teufel Meister –

Auch ist itzo der große Geschmack, seinen Witz auf Kosten der Religion spielen zu lassen, dass man beinahe für kein Genie mehr passiert, wenn man nicht seinen gottlosen Satyr auf ihren heiligsten Wahrheiten sich herumtummeln lässt.

X

Nichts aber ist unser, als was dem Verstand übergeben wird

Unsre Kindheit ist die einzige unverstümmelte Natur, die wir in der kultivierten Menschheit noch antreffen, daher es kein Wunder ist, wenn uns jede Fußstapfe der Natur außer uns auf unsre Kindheit zurückführt.

Der Mensch ist nur einmal in seinem Leben Kind, und er muss es bleiben, bis er seine Kindheit auf ein anderes fortgeerbt hat.

… wo findet man mehr Anmut als bei Kindern, die doch ganz unter sinnlicher Leitung stehen?

… wir leben nur in der Blüte der Jugend das Leben …

Der Lernende sammelt für spätere Zwecke, und für einen künftigen Gebrauch; daher der Lehrer dafür zu sorgen hat, ihn zum *völligen Eigentümer der Kenntnisse zu machen*, die er ihm beibringt.

Der Lehrer in strengster Bedeutung muss sich nach der Bedürftigkeit richten; er geht von der Voraussetzung des Unvermögens aus …

Zu überzeugen
Fällt keinem Überzeugten schwer.

Durch gymnastische Übungen bilden sich zwar athletische Körper aus, aber nur durch das freie und gleichförmige Spiel der Glieder die Schönheit. Ebenso kann die Anspannung einzelner Geisteskräfte zwar außerordentliche, aber nur die gleichförmige Temperatur derselben glückliche und vollkommene Menschen erzeugen.

… nichts lässt sich weniger übereilen als Philosophie.

Böse Zeiten

Philosophen verderben die Sprache, Poeten die Logik,
Und mit dem Menschenverstand kommt man
durchs Leben nicht mehr.

Wer gar zu viel bedenkt, wird wenig leisten.

Das Denken ist freilich eine harte Arbeit für manchen, aber wir müssen es dahin bringen, dass, wer auch nicht denken kann, sich doch schämt es zu gestehen …

Es gibt Menschen die immer studieren immer lernen, und im Grunde auch viele Kenntnisse haben aber es liegt im dunklen Schleier gehüllt, und es fehlt ihnen an Klarheit, das Eingesammelte ins Leben übertragen zu können, wodurch doch allein alles Wissen erst Wert bekommt.

Sieht nicht oft genug der gemeine Haufe da die hässlichste Verwirrung, wo der denkende Geist gerade die höchste Ordnung bewundert?

Es gibt nichts Heiliges als die Wahrheit. Was die Vernunft erkennt, ist die Wahrheit.

Wiederholung

Hundertmal wird ich's euch sagen und tausendmal:
Irrtum ist Irrtum!
Ob ihn der größte Mann, ob ihn der kleinste beging.

Nicht umsonst wird uns die Weisheitsgöttin in der Fabel als eine Kriegerin vorgestellt, die in voller Rüstung aus Jupiters Haupte stieg. Denn schon die erste Verrichtung der Weisheit in den Köpfen ist kriegerisch.

Die *Natur* gab uns nur *Dasein*; *Leben* gibt uns die *Kunst* und *Vollendung* die *Weisheit*.

Also gibt es für mich nur eine einzige Erscheinung in der Natur, das denkende Wesen.

Die Vernunft ist eine Fackel in einem Kerker.

Es ist doch immer gut, wenn man unter dem Einfluss der Weisheit steht.

Die Vernunft kann in einer anarchischen Welt nicht aushalten.

Wehe dem, der im Sturme der Leidenschaft noch mit den Spitzfindigkeiten einer klügelnden Vernunft zu kämpfen hat.

Wär' der Gedank' nicht so verwünscht gescheit,
Man wär' versucht, ihn herzlich dumm zu nennen.

Es fehlt mir an *Zeit*, Lernen und Schreiben gehörig zu verbinden. Ich muss also darauf sehen, dass auch *Lernen*, als Lernen, mir rendiere!

Zwei Sachen gehören zur Bildung des Verstandes ohne welche kein Fortschreiden möglich ist. *Ein ernstes Einsammeln* von Kenntnissen, und eine *stete Übung* der Kräfte.

Zwischen den Geschäftsmenschen, den Sackträgern des Staats, und den denkenden Köpfen ist selten viel Harmonie zu hoffen …

Wissenschaft

Einem ist sie die hohe, die himmlische Göttin, dem andern
Eine tüchtige Kuh, die ihn mit Butter versorgt.

Ihre Wanderung durch die Wissenschaften, liebster Freund, die Sie mir so lebhaft beschrieben haben, darf Sie niemal gereuen. Es ist immerhin von entschiedenem Nutzen, wenn man in *einem* Felde zu Hause, und in den übrigen kein *ganzer* Fremdling ist. Sie haben Ihren Geist in zerschiednen Sphären des Denkens geübt, und laufen nicht mehr Gefahr, sich pedantisch in Ihr Hauptfach hineinzugraben.

Ich konnt es nicht ganz vermeiden auch andre Menschen hier kennen zu lernen, doch ist es bis jetzt noch gnädig zugegangen. Ein Original ist darunter, das sich aber weniger schildern lässt, der Herr von Kettelhodt, der Minister und eigentliche Landesregent. Eine groteske Spezies von Menschen, und eine monströse Komposition von Geschäftsmann, Gelehrten, Landjunker, Galanthomme und Antike. Als Geschäftsmann soll er vortrefflich sein und dabei tragen wie ein Esel; sein größter Anspruch geht aber auf gelehrte Wichtigkeit. Er hat eine Bibliothek angelegt, die für einen Particulier erstaunend groß, dabei aber zu keinem Zwecke ganz brauchbar ist. Sie enthält schöne und selbst rare Werke in allen Fächern, aber keins ist nur leidlich komplett. Da es ihm mehr um Menge die ins Auge fällt als um einen vernünftigen Gebrauch zu tun war, so hat er alles durcheinander gekauft. Aus der Geschichte habe ich treffliche Werke da gefunden, und im Fach der alten Romane aus dem Mittelalter mag wohl das meiste zu finden sein. Die Anlage von außen fällt gut ins Auge, der Saal und der Eintritt ist fürstlich. Die Bibliothek würde ich übrigens, wär's auch nur um in dem alten Schutt der Romane und Memoires ein Goldkörnchen auszuwühlen, fleißig besuchen, wenn der Wirt zu vermeiden wäre. Aber zum Unglück ist er äußerst eitel, besonders auf gelehrte oder gar berühmte Bekanntschaften, und man wird ihn nicht los. Nachdem er in Erfahrung gebracht hat, dass ich seine Bibliothek gelobt habe, musste ich ein Souper bei ihm aushalten, und er ließ meinen Burschen von der Gasse auffangen, mich nach Volkstädt mit Wein zu regalieren.

Die Vielwisser

Astronomen seid ihr und kennet viele Gestirne,
Aber der Horizont decket manch Sternbild euch zu.

Das Glück und die Weisheit

Entzweit mit einem Favoriten
  Flog einst *Fortun'* der Weisheit zu:
»Ich will dir meine Schätze bieten,
  Sei meine Freundin du!

Mit meinen reichsten schönsten Gaben
  Beschenkt' ich ihn so mütterlich,
Und sieh, er will noch immer haben,
  Und nennt noch geizig mich.

Komm Schwester, lass uns Freundschaft schließen,
  Du marterst dich an einem Pflug,
In deinen Schoß will ich sie gießen,
  Hier ist für dich und mich genug.«

Sophia lächelt diesen Worten,
  Und wischt den Schweiß vom Angesicht:
»Dort eilt dein Freund, sich zu ermorden,
  Versöhnet euch, ich brauch dich nicht.«

XI
Täglich wird mir die Geschichte teurer

Ich werde immer eine schlechte Quelle für einen künftigen Geschichtsforscher sein, der das Unglück hat, sich an mich zu wenden. Aber ich werde vielleicht auf Unkosten der historischen Wahrheit Leser und Hörer finden und hie und da mit jener ersten philosophischen zusammentreffen. Die Geschichte ist überhaupt nur ein Magazin für meine Phantasie, und die Gegenstände müssen sich gefallen lassen, was sie unter meinen Händen werden.

... denn es ist die *poetische*, nicht die historische Wahrheit, auf welche alle ästhetische Wirkung sich gründet.

Wenn es Notdurft ist, die Geschichte zu lernen, so hat derjenige nicht für den Undank gearbeitet, der sie aus einer trockenen Wissenschaft in eine reizende verwandelt, und da *Genüsse* hinstreut, wo man sich hätte gefallen lassen müssen, nur *Mühe* zu finden.

O die Zeit ist
Ein wundertät'ger Gott.

Die Zeit ist eine gerechte Richterin aller Verdienste.

Nichts Wahres lässt sich von der Zukunft wissen …

Fruchtbar und weit umfassend ist das Gebiet der Geschichte; in ihrem Kreise liegt die ganze moralische Welt.

… die Geschichte soll keine Lobrednerin sein.

Die Quelle aller Geschichte ist Tradition, und das Organ der Tradition ist die Sprache.

Der Mensch verwandelt sich und flieht von der Bühne; seine Meinungen fliehen und verwandeln sich mit ihm: die Geschichte allein bleibt unausgesetzt auf dem Schauplatz, eine unsterbliche Bürgerin aller Nationen und Zeiten.

Aus der Geschichte erst werden *Sie* lernen, einen Wert auf die Güter legen, denen Gewohnheit und unangefochtener Besitz so gern unsre Dankbarkeit rauben: kostbare teure Güter, an denen das Blut der Besten und Edelsten klebt, die durch die schwere Arbeit so vieler Generationen haben errungen werden müssen!

Denn wer den Besten seiner Zeit genug
Getan, der hat gelebt für alle Zeiten.

Auch so weit muss man hinausdenken! Auch auf den Nachruhm, das süße Gefühl von Unvergesslichkeit –

Alle Völker, die eine Geschichte haben, haben ein Paradies, einen Stand der Unschuld, ein goldnes Alter; ja jeder einzelne Mensch hat sein Paradies, sein goldnes Alter, dessen er sich, je nachdem er mehr oder weniger Poetisches in seiner Natur hat, mit mehr oder weniger Begeisterung erinnert.

Jedes Volk
hat seinen Tag in der Geschichte …

Es gibt noch Riesen,
Doch keine Ritter gibt es mehr.

MOOR. Pfui! Pfui über das schlappe Kastraten-Jahrhundert, zu nichts nütze, als die Taten der Vorzeit wiederzukäuen, und die Helden des Altertums mit Kommentationen zu schinden, und zu verhunzen mit Trauerspielen. Da verrammeln sie sich die gesunde Natur mit abgeschmackten Konventionen, haben das Herz nicht ein Glas zu leeren, weil sie Gesundheit dazu trinken müssen – belecken den Schuhputzer, dass er sie vertrete bei Ihro Gnaden, und hudeln den armen Schelm, den sie nicht fürchten. – Verdammen den Sadduzäer, der nicht fleißig genug in die Kirche kommt, und berechnen ihren Judenzins am Altare – Fallen in Ohnmacht, wenn sie eine Gans bluten sehen, und klatschen in die Hände, wenn ihr Nebenbuhler die Haare ausrauft über dem Brandschutt seines Hauses –

Hätte jeder freigesinnte Kopf geschwiegen, so wäre nie ein Schritt zu unserer Verbesserung geschehen. Es gibt Zeiten, wo man öffentlich sprechen muss, weil Empfänglichkeit dafür da ist, und eine solche Zeit scheint mir die jetzige zu sein.

Tag wird es auf die dickste Nacht, und kommt
Die Zeit, so reifen auch die spätsten Früchte!

… und zu allen Zeiten, wo die Kunst verfiel, ist sie durch die Künstler gefallen.

Denkt an den Wechsel alles Menschlichen!
Es leben Götter, die den Hochmut rächen!

Es gibt keinen Zufall;
Und was uns blindes Ohngefähr nur dünkt,
Gerade das steigt aus den tiefsten Quellen.

Die Geschichte, so oft nur auf das freudlose Geschäft eingeschränkt, das einförmige Spiel der menschlichen Leidenschaften auseinanderzulegen, sieht sich zuweilen durch Erscheinungen belohnt, die gleich einem kühnen Griff aus den Wolken in das berechnete Uhrwerk der menschlichen Unternehmungen fallen, und den nachdenkenden Geist auf eine höhere Ordnung der Dinge verweisen.

Nicht was lebendig, kraftvoll sich verkündigt,
Ist das gefährlich Furchtbare. Das ganz
Gemeine ist's, das ewig Gestrige,
Was immer war und immer wiederkehrt,
Und morgen gilt, weil's heute hat gegolten!
Denn aus Gemeinem ist der Mensch gemacht,
Und die Gewohnheit nennt er seine Amme.

... weil derjenige, welcher alles verloren, in der allgemeinen Verwüstung nur zu gewinnen hat.

Dieser Glaube an außerordentliche Verbrechen ist beinahe immer ein untrüglicher Vorläufer ihrer nahen Entscheidung.

Leicht verschwindet der Taten Spur
Von der sonnenbeleuchteten Erde,
Wie aus dem Antlitz die leichte Geberde –
Aber nichts ist verloren und verschwunden,
Was die geheimnisvoll waltenden Stunden
In den dunkel schaffenden Schoß aufnahmen –
Die Zeit ist eine blühende Flur,
Ein großes Lebendiges ist die Natur,
Und alles ist Frucht und alles ist Samen.

Alles unser Wissen ist ein Darlehn der Welt und der Vorwelt. Der tätige Mensch trägt es an die Mitwelt und Nachwelt ab; der untätige stirbt mit einer unbezahlten Schuld. Jeder der etwas Gutes wirkt, hat für die Ewigkeit gearbeitet.

Der jetzige Augenblick ist das Grabmal aller vergangenen.

Selbst in den alltäglichsten Verrichtungen des bürgerlichen Lebens können wir es nicht vermeiden, die Schuldner vergangener Jahrhunderte zu werden; die ungleichartigsten Perioden der Menschheit steuern zu unsrer Kultur, wie die entlegensten Weltteile zu unserm Luxus.

Die Philosophien

Welche wohl bleibt von allen den Philosophien?
Ich weiß nicht.
Aber die Philosophie, hoff' ich, soll ewig bestehn.

XII

Die schönsten Träume von Freiheit werden ja im Kerker geträumt

Das erste Gesetz des guten Tons ist: *Schone fremde Freiheit*. Das zweite: *zeige selbst Freiheit*.

... Du weißt, wie wohl einem bei Menschen ist, denen die Freiheit des andern heilig ist.

Der moralisch gebildete Mensch, und nur dieser, ist ganz frei.

Die Kultur soll den Menschen in Freiheit setzen und ihm dazu behülflich sein, seinen ganzen Begriff zu erfüllen. Sie soll ihn also fähig machen, seinen Willen zu behaupten, denn der Mensch ist das Wesen, welches will.

Ein edler Geist begnügt sich nicht damit, selbst frei zu sein, er muss alles andere um sich her, auch das Leblose, in Freiheit setzen.

Bedenke nichts. Sag, wie du's fühlst.

… denn die Kunst ist eine Tochter der Freiheit.

In dieser ästhetischen Welt, die eine ganz andre ist als die vollkommenste Platonische Republik, fodert auch der Rock, den ich auf dem Leibe trage, Respekt von mir für seine Freiheit, und er verlangt von mir, gleich einem verschämten Bedienten, dass ich niemanden merken lasse, dass er mir *dient*. Dafür aber verspricht er mir auch reciproce, seine Freiheit so bescheiden zu gebrauchen, dass die meinige nichts dabei leidet, und wenn beide Wort halten, so wird die ganze Welt sagen, dass ich schön angezogen bin. *Spannt* hingegen der Rock, so verlieren wir beide, der Rock und ich, von unsrer Freiheit. Deswegen sind alle *ganz enge* und *ganz weite* Kleidungsarten gleich wenig schön, denn nicht zu rechnen, dass beide die Freiheit der Bewegungen einschränken, so zeigt bei der engen Kleidung der Körper seine Figur nur auf Kosten des Kleides, und bei der weiten Kleidung verbirgt der Rock die Figur des Körpers, indem er sich selbst mit der seinigen aufbläht, und seinen Herrn zu seinem bloßen Träger herabsetzt.

Was ich sonst
Vermute, denke oder weiß, gehört
Mir eigen zu. Es sind geheiligte
Besitzungen, die der verkaufte Sklave
Wie der Vasall den Königen der Erde
Zurückzuhalten Vorrecht hat.

O *der* ist noch nicht König, der der Welt
Gefallen muss! Nur der ist's, der bei seinem Tun
Nach keines Menschen Beifall braucht zu fragen.

Man kann den Menschen nicht verwehren,
Zu denken, was sie wollen.

Zwang *erbittert* die Schwärmer immer, aber *bekehrt* sie nie.

… eine weite Aussicht ist zwiefache Hölle für einen Gefangenen.

Ketten von Stahl oder Seide – Es sind Ketten …

XIII

Wenn *wir* glücklich sind, soll niemand Unlust dabei haben

Glückselig nenne ich den, der um zu genießen, nicht nötig hat, Unrecht zu tun, und um recht zu handeln, nicht nötig hat, zu entbehren.

Das Überraschende macht Glück.

Wenn Verbannung der Sorgen, Befriedigung der Lieblingsneigung und einige Freunde von Geschmack einen Menschen glüklich machen können, so kann ich mich rühmen es zu sein.

… dabei finde ich, dass in *uns selbst* die Quelle der Schwermut und Fröhlichkeit ist.

… ewiges Einerlei widersteht, Veränderung nur ist das Salz des Vergnügens …

Der Donnerstag setzt mich immer in gute Laune, weil mir ein gewisses Vergnügen aufbewahrt ist. Überhaupt sollte man sich immer einen Tag oder mehrere in der Woche mit irgendeiner periodisch zurück kehrenden und fortdaurenden Freude bezeichnen. Das Leben verfließt dann so angenehmer – es macht einen künstlichen Pulsschlag in unserm Dasein, und wie von einer schönen Treppe zur andern schreitet Leben und Hofnung darauf weg.

Auf der Straße, die man gehen *muss*, dankt man für eine wohltätige Bank, die ein Menschenfreund dem müden Wandrer hingesetzt hat, oder für eine liebliche Allee weit mehr, als wenn man sie in einem Lustgarten findet, dem man hätte vorübergehen können.

Alle Kunst ist der Freude gewidmet, und es gibt keine höhere und ernsthaftere Aufgabe, als die Menschen zu beglücken.

… der Kopf muss das Herz bilden.

Ein frohes heiteres Gemüt ist die Quelle alles Edlen und Guten, das Größte und Schönste, was je geschah floss aus einer solchen Stimmung. Kleine düstre Seelen die nur die Vergangenheit betrauren, und die Zukunft fürchten, sind nicht fähig, die heiligsten Momente des Lebens zu fassen, zu genießen, und zu wirken, wie sie sollten. Erinnerung scheint ihnen nicht süße, und Zukunft nicht tröstend.

... eben so wie sich ein edler Mensch seines Vermögens freut, um es mit seinen Freunden zu genießen.

Ich habe wenig Freuden des Lebens genossen, aber (das ist das stolzeste, was ich über mich aussprechen kann) diese wenigen habe ich meinem Herzen zu danken.

Das Spiel des Lebens sieht sich heiter an,
Wenn man den sichern Schatz im Herzen trägt ...

Ein *großes*, ein *warmes Herz* ist die ganze Anlage zur Seligkeit, und ein *Freund* ist ihre Vollendung.

Fürchte dich nicht vor der Verwirrung außer dir, aber vor der Verwirrung in dir; strebe nach Einheit, aber suche sie nicht in der Einförmigkeit; strebe nach Ruhe, aber durch das Gleichgewicht, nicht durch den Stillstand deiner Tätigkeit.

Es geht uns mit großen lebhaften Entzückungen, wie demjenigen der lange in die Sonne gesehen. Sie steht noch vor ihm, wenn er das Auge längst davon weggewandt. Es ist für jede geringere Strahlen verblindet.

Der ist ein Rasender, der nicht das Glück
Festhält in unauflöslicher Umarmung,
Wenn es ein Gott in seine Hand gegeben.

Weil das Glück aus seiner Tonnen
Die Geschicke blind verstreut,
Freue sich und jauchze heut,
Wer das Lebenslos gewonnen!

Aus den Wolken muss es fallen,
Aus der Götter Schoß das Glück,
Und der mächtigste von allen
Herrschern ist der Augenblick.

Geflügelt ist das Glück und schwer zu binden,
Nur in verschlossner Lade wird's bewahrt,
Das Schweigen ist zum Hüter ihm gesetzt,
Und rasch entfliegt es, wenn Geschwätzigkeit
Voreilig wagt, die Decke zu erheben.

Sie wissen ja, Lieber – es ist ja die allgemeine Quelle der menschlichen Klagen, dass Ihnen die Hirngespinste der Zukunft den Genuss des Augenblicks rauben.

Das Glück ist falsch, unsicher der Erfolg …

Die Welt wird nie das Glück erlauben,
Als Beute wird es nur gehascht,
Entwenden musst du's oder rauben,
Eh' dich die Missgunst überrascht.

… weil das Unglück fester bindet, als die leichtsinnige Freude.

Nirgends, lehrt eine traurige Erfahrung, sieht man die Leidenschaften und Laster der Menschen ausgelassener toben, nirgends mehr Elend wohnen als in den glücklichen Gegenden, welche die Natur zu Paradiesen bestimmte.

... wenn man *leidet*, zählt man sich so gern die *Freuden* vor, die einem das Leben lieb machen, und das Ungemach aufwägen.

Das schwere Herz wird nicht durch Worte leicht.

Bruder – ich habe die Menschen gesehen, ihre Bienensorgen, und ihre Riesenprojekte – ihre Götterplane und ihre Mäusegeschäfte, das wunderseltsame Wettrennen nach Glückseligkeit; – dieser dem Schwung seines Rosses anvertraut – ein anderer der Nase seines Esels – ein Dritter seinen eigenen Beinen; dieses bunte Lotto des Lebens, worein so mancher seine Unschuld, und – seinen Himmel setzt, einen Treffer zu haschen, und – Nieten sind der Auszug – am Ende war kein Treffer darin. Es ist ein Schauspiel, Bruder, das Tränen in deine Augen lockt, wenn es dein Zwerchfell zum Gelächter kitzelt.

XIV

Freundschaft ist oft verzagt und immer besorglich

Aber was ist Freundschaft oder platonische Liebe denn anders, als eine wollüstige Verwechslung der Wesen?

… das ist die wahre Freundschaft, die einen im Unglück aufsucht.

Achtung nur ist der Freundschaft unfehlbares Band …

… Für einen Freund ist uns kein Preis zu hoch.

Die Tugend handelt groß um des Gesetzes willen, die Schwärmerei um ihres Ideals willen, die Liebe um des Gegenstandes willen. Aus der ersten Klasse wollen wir uns Gesetzgeber, Richter, Könige, aus der zweiten *Helden*, aber nur aus der dritten unsern Freund erwählen. Diese erste *verehren*, die zwote *bewundern*, die dritte lieben wir.

… es kommt bei der Freundschaft auf alle Kleinigkeiten – in den Augen der Welt Kleinigkeiten an!

… und auf der Größe Gipfel
Vergiss nicht, was ein Freund wiegt in der Not …

Gewiss, die edle und reine Freundschaft kann sich auch abwesend recht viel sein, und zu fühlen, dass auch entfernt an einen gedacht wird, erweitert und verdoppelt das eigene Dasein.

… es ist etwas Tröstendes und Süßes in der Vorstellung, dass 2 getrennte Freunde ohne einander nicht lustig sind.

Edlere Seelen hängen an zarten Seilen zusammen, die nicht selten unzertrennlich und ewig halten. Große Tonkünstler *kennen* sich oft an den ersten Akkorden, große Maler an dem nachlässigsten Pinselstrich – edle Menschen sehr oft an einer einzigen Aufwallung.

Kalte Philosophie muss die Gesetzgeberin unsrer Freundschaft sein, aber ein warmes Herz und ein warmes Blut muss sie *formen.*

Das Schweigen ist der Gott
Der Glücklichen – die engsten Bande sind's,
Die zärtesten, die das Geheimnis stiftet!

… Denn über alles Glück geht doch der Freund,
Der's fühlend erst erschafft, der's teilend mehrt.

O, wie schön und wie göttlich ist die Berührung zweier Seelen, die sich auf dem Weege zur Gottheit begegnen.

Es ist eine rechte Gottesgabe um einen weisen und sorgfältigen Freund …

Verwandte sind sich alle starke Seelen.

… auch die Freundschaft kann *empfindlich* sein.

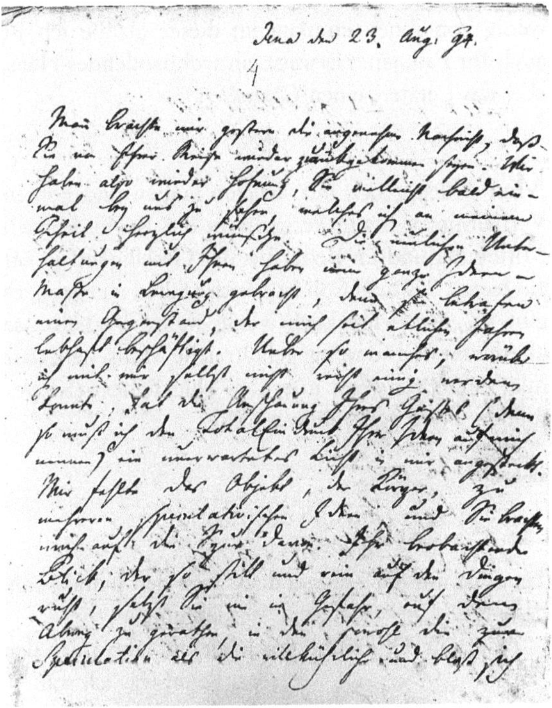

Jena den 23. Aug. 94.

Man brachte mir gestern die angenehme Nachricht, daß
Sie von Ihrer Reise wieder zurückgekommen seyen. Wir
haben also wieder Hofnung, Sie vielleicht bald ein-
mal bey uns zu sehen, welches ich an meinem
Theil herzlich wünsche. Die neulichen Unter-
haltungen mit Ihnen haben meine ganze Ideen-
maße in Bewegung gebracht, denn sie betrafen
einen Gegenstand, der mich seit etlichen Jahren
lebhaft beschäftigt. Ueber so manches, worüber
ich mit mir selbst nicht recht einig werden
konnte, hat die Anschauung Ihres Geistes (denn
so muß ich den Totaleindruck Ihrer Ideen auf mich
nennen) ein unerwartetes Licht in mir angesteckt.
Mir fehlte das Objekt, der Körper, zu
mehreren speculativischen Ideen und Sie brachten
mich auf die Spur davon. Ihr beobachtender
Blick, der so still und rein auf den Dingen
ruht, setzt Sie nie in Gefahr, auf den
Abweg zu gerathen, in den sowohl die
Speculation als die willkührliche und bloß sich

Brief Schillers an Goethe vom 23. August 1794,
der ihre Freundschaft einleitete

Man kann den *Menschen* recht gut sein und doch wenig von ihnen empfangen; dieses glaube ich ist auch Ihr Fall, jenes beweist ein wohlwollendes Herz, aber das Letztere einen *Charakter*.

Man schleppt sich mit sovielen tauben und hohlen Verhältnissen herum, ergreift in der Begierde nach Mitteilung und im Bedürfnis der Geselligkeit so oft ein leeres, das man froh ist, wieder fallen zu lassen, es gibt so gar erschrecklich wenig wahre Verhältnisse überhaupt und so wenig gehaltreiche Menschen, dass man einander, wenn man sich glücklicherweise gefunden, desto näher rücken sollte.

Freund oder Feind

Teuer ist mir der Freund, doch auch den Feind kann ich nützen,
Zeigt mir der Freund was ich kann, lehrt mich der Feind was ich soll.

Es gibt
Zweischneid'ge Klingen, ungewisse Freunde –
Ich fürchte diese. Schwer zu unterscheiden,
Noch schwerer zu ergründen sind die Menschen.

XV

Weh dem Manne, / Den weibliches Erröten mutig macht!

Das Kind in der Wiege

Glücklicher Säugling! Dir ist ein unendlicher Raum noch die Wiege,
Werde Mann, und dir wird eng die unendliche Welt.

Die Kinder freuen sich auf den Harnisch der Männer, und diese weinen, dass sie nimmermehr Kinder sind.

Ein guter Gedanke stählet des Mannes Herz, und zeigt sich heldenmäßig dem Tage.

Das Herz und nicht die Meinung ehrt den Mann.

Engel fingst du mit Sirenentrillern von Unendlichkeit – Menschen angelst du mit Gold, Weibern und Kronen!

Männer! Männer! Wenn eure Eide zu so viel Teufeln würden, sie könnten Sturm gegen den Himmel laufen, und die Engel des Lichts als Gefangene wegführen.

Einem Liebhaber, der den Vater zu Hilfe ruft, trau ich – erlauben Sie – keine hohle Haselnuss zu.

Gegen die Frau betrachtet ist der Mann mehr als ein bloß möglicher Mensch, aber ein Mensch in einem höhern Begriff; gegen den Mann gehalten ist die Frau zwar ein wirklicher aber ein weniger gehaltreicher Mensch. Weil aber beide doch in concreto Menschen sind, so sind sie, jedes in seinem vollkommensten Zustande betrachtet, zugleich formaliter und materialiter sich gleicher. Gibt man aber ihre spezifischen Unterschiede an, wie ich bei beiden Dichtungsarten tun wollte, so wird man den Mann immer durch einen höhern Gehalt und eine unvollkommenere Form, die Frau durch einen niedrigern Gehalt aber eine vollkommenere Form unterscheiden.

Das Muttermal

Mann

Sieh Schätzchen wie der Bub mir gleicht
Selbst meine Narbe von den Pocken!

Frau

Mein Engel, das begreif ich leicht,
Bin auch 'nmal recht an dir erschrocken.

Tugend des Weibes

Tugenden brauchet der Mann, er stürzet sich wagend ins Leben,
Tritt mit dem stärkeren Glück in den bedenklichen Kampf.
Eine Tugend genüget dem Weib, sie ist da, sie erscheinet,
Lieblich dem Herzen, dem Aug' lieblich erscheine sie stets.

Das Mädel ist schön – schlank – führt seinen netten Fuß. Unterm Dach mag's aussehen, wie's will. Darüber guckt man bei euch Weibsleuten weg, wenn's nur der liebe Gott par terre nicht hat fehlen lassen …

Ein Mädchen von ihren Jahren hat immer zween Spiegel zugleich, den wahren und ihren Bewunderer – Die gefällige Geschmeidigkeit des Letztern macht die raue Offenherzigkeit des Erstern wieder gut. Der eine rügt eine hässliche Blatternarbe. Weit gefehlt, sagt der andere, es ist ein Grübchen der Grazien. Ihr guten Kinder glaubt *jenem* nur, was euch *dieser* gesagt hat, hüpft von einem zum andern, bis ihr zuletzt die Aussagen beider verwechselt …

Das hat seine Richtigkeit, wem der Teufel ein Ei in die Wirtschaft gelegt hat, dem wird eine hübsche Tochter geboren …

Dieses Geschlecht, das, wenn es auch nicht durch Schönheit herrschte, schon allein deswegen das schöne Geschlecht heißen müsste, weil es durch Schönheit beherrscht wird, zieht alles, was ihm vorkommt, vor den Richterstuhl der Empfindung, und was nicht zu dieser spricht oder sie gar beleidigt, ist für dasselbe verloren.

Es ist ein eigen seltsam Ding um die gelehrten Frauens! Wenn sie einmal den ihnen angewiesenen Kreis verlassen, so durchfliegen sie mit schnellen ahndeten

Blick unbegreiflich rasch die höhren Räume. Aber dann fehlt ihnen die starke anhaltende Kraft des Mannes, der eiserne Mut, jeden Hindernis ein *ernstes Überwinden* entgegenzusetzen, um fest und unaufhaltsam in diesen Regionen fortzuschreiten. Das schwächere Weib hat seinen ersten schönen Standpunkt verloren – sie kann nicht mehr zurück, und wird entweder zur eitlen Törin – oder unglücklich. Und selbst die himmlische Kunst! was kann sie den zarten Weibe bieten, dass diese nicht sich unbewusst, in stiller Tätigkeit, in stiller Übung ihres hohen heiligen Berufs in liebender Brust fände? – Und selig der Mann der ein solches Kleinod zu schätzen weiß, und die Freundin seines Herzens bei Arbeiten und häuslichen Beschäftigungen sucht, um sich an ihren anspruchslosen Talenten von seinen mühevollen Streben zu erheitern.

Ich hatte mir wohl in schwärmerischen Augenblicken ein schönes Ideal von Lebensfreude in diese Lebensperiode hineingeträumt, aber wenn ich bedenke, wie viel alle diese Schöpfungen der Phantasie in der Wirklichkeit verlieren, so muss ich den freundlichen Genius meines Lebens bewundern, der mir mein Ideal von häuslichen Glücke so unverfälscht und so lebendig erfüllt hat. Mit jedem Tage verjüngt sich dieses Gefühl der Freude in meinem Herzen, und die glückliche Existenz eines holden lieben Wesens um mich her, dessen ganze Glückseligkeit sich in die meinige verliert, verbreitet ein sanftes Licht über mein Dasein. Aber wie kann ich Dir eine Schilderung davon zu geben hoffen? Diese ruhige, diese gleichförmige Glückseligkeit, die sich über alles, was ich vornehme was ich um mich sehe, sanft und still ergießt, kannst du mir nachempfinden, aber kann ich Dir nicht beschreiben.

Der Mann liebte in dem Weibe die Mutter, die Mutter seines geliebten Sohns. Das Weib ehrte und liebte in dem Mann den Vater, den Ernährer ihres Kindes. Das bloß sinnliche Wohlgefallen aneinander erhob sich zur Hochachtung, aus der eigennützigen Geschlechtsliebe erwuchs die schöne Erscheinung der *ehlichen* Liebe.

An eine Person, die mit uns Freuden und Leiden teilt, die unsren Gefühlen entgegenkommt, und sich so innig, so biegsam an unsre Launen schmiegt, gekettet zu sein – an ihrer Brust unsre Seele von tausend Zerstreuungen, tausend wilden Wünschen, und unbändigen Leidenschaft abzuspannen – und alle Bitterkeiten des Glücks im Genuss der Familie zu verträumen, ist die wahre Wonne des Lebens …

Die höchste Annäherung welche möglich ist zwischen zwei Wesen – ist die schnelle ununterbrochene liebevolle Wahrheit gegeneinander.

Von der Achtung kann man sagen, sie *beugt sich vor* ihrem Gegenstande; von der Liebe, sie *neigt sich zu* dem ihrigen; von der Begierde, sie *stürzt auf* den ihrigen.

Zwar ist es schon Veredlung einer menschlichen Seele den gegenwärtigen Vorteil dem ewigen aufzuopfern – es ist die edelste Stufe des Egoismus – aber Egoismus und Liebe scheiden die Menschheit in zwei höchstunähnliche Geschlechter, deren Grenzen *nie* ineinander fließen. Egoismus errichtet seinen Mittelpunkt in sich selber; Liebe pflanzt ihn außerhalb ihrer in die Achse des ewigen Ganzen. Liebe zielt nach Einheit, Egoismus ist Einsamkeit. Liebe ist die mitherrschende Bürgerin eines blühenden Freistaats, Egoismus ein Despot in einer verwüsteten Schöpfung. Egoismus sät für die Dankbarkeit, Liebe für den Undank. Liebe verschenkt, Egoismus leiht – Einerlei vor dem Thron der richtenden Wahrheit, ob auf den Genuss des nächstfolgenden Augenblicks, oder die Aussicht einer Märtyrerkrone – einerlei, ob die Zinsen in diesem Leben oder im andern fallen!

Liebe ist ein Herabsteigen, da die Achtung ein Hinaufklimmen ist.

Liebe ist zugleich das Großmütigste und das Selbstsüchtigste in der Natur; das erste: denn sie empfängt von ihrem Gegenstande nichts, sondern gibt ihm alles, da der reine Geist nur geben, nicht empfangen kann; das zweite: denn es ist immer nur ihr eigenes Selbst, was sie in ihrem Gegenstande sucht und schätzet.

Die Liebe ist schlauer als die Bosheit und kühner …

Liebe also – das schönste Phänomen in der beseelten Schöpfung, der allmächtige Magnet in der Geisterwelt, die Quelle der Andacht und der erhabensten Tugend – Liebe ist nur der Widerschein dieser einzigen Urkraft, eine Anziehung des Vortrefflichen, gegründet auf einen augenbliklichen Tausch der Persönlichkeit, eine Verwechslung der Wesen.

Liebe hat Tränen, und kann Tränen *verstehen*; *Herrschsucht* hat eherne Augen, worin ewig nie die Empfindung perlt – *Liebe* hat nur *ein* Gut, tut Verzicht auf die ganze übrige Schöpfung, *Herrschsucht* hungert beim Raube der ganzen Natur – *Herrschsucht* zertrümmert die Welt in ein rasselndes Kettenhaus, *Liebe* träumt sich in jede Wüste Elysium.

Allmächt'ge Liebe! Göttliche! Wohl nennt
Man dich mit Recht die Königin der Seelen!
Dir unterwirft sich jedes Element,
Du kannst das feindlich Streitende vermählen,
Nichts lebt, was deine Hoheit nicht erkennt …

Es löst der Mensch nicht, was der Himmel bindet.

Große Seelen macht
Die Liebe größer.

… treue Lieb hilft alle Lasten heben.

Wenn jeder Mensch alle Menschen liebte, so besäße jeder Einzelne die Welt.

Wie entzückend
Und süß ist es, in einer schönen Seele
Verherrlicht uns zu fühlen, es zu wissen

Dass unsre Freude fremde Wangen rötet,
Dass unsre Angst in fremden Busen zittert,
Dass unsre Leiden fremde Augen wässern!

Wer Tränen ernten will, muss Liebe säen.

Nicht zweifl' ich mehr an dir, denn du kannst lieben.

Ich bekenne es freimütig, ich glaube an die Wirklichkeit einer uneigennützigen Liebe. Ich bin verloren, wenn sie nicht ist, ich gebe die Gottheit auf, die Unsterblichkeit und die Tugend. Ich habe keinen Beweis für diese Hofnungen mehr übrig, wenn ich aufhöre an die Liebe zu glauben. Ein Geist, der sich allein liebt, ist ein schwimmender Atom im unermesslichen *leeren* Raume.

... die Liebe muss *hinter* sich wie *vor* sich die Ewigkeit sehen.

... man liebt nur was einen in Freiheit setzt, nicht was einen anspannt ...

Der Zug des Herzens ist des Schicksals Stimme.

Sehnsucht ist kein Leben.

Baurenständchen

Mensch! Ich bitte guck heraus!
  Klecken nicht zwo Stunden,
Steh ich so vor deinem Haus,
  Stehe mit den Hunden,
's regnet was vom Himmel mag,
's g'wittert wie zum Jüngsten Tag
  Pudelnass die Hosen!
Platschnass Rock und Mantel ei!
Rock und Mantel nagelneu,
  Alles dieser Losen.
Draußen, draußen Saus und Braus!
Mensch! ich bitte guck heraus.

Ei zum Henker guck heraus!
  Löscht mir die Laterne –
Weit am Himmel Nacht und Graus!
  Weder Mond noch Sterne.
Stoß ich schier an Stein und Stock,
Reiße Wams und Überrock,
  Ach dass Gott erbarme!
Hecken, Stauden ringsumher,
Gräben, Hügel kreuz und quer,
  Breche Bein und Arme.

Draußen, draußen Nacht und Graus!
Ei zum Henker guck heraus!

Ei zum Teufel! guck heraus!
  Höre mein Gesuche!
Beten, Singen geht mir aus,
  Willst du, dass ich fluche?
Muss ich doch ein Hans Dampf sein,
Frör ich nicht zu Stein und Bein
  Wenn ich länger bliebe?
Liebe das verdank ich dir,
Winterbeulen machst du mir,
  Du vertrackte Liebe!
Draußen, draußen Kalt und Graus!
Ei zum Teufel guck heraus.
Donner alle! Was ist das,
  Das vom Fenster regnet,
Garst'ge Hexe, kotignass,
  Hast mich eingesegnet.
Regen, Hunger, Frost und Wind
Leid ich für das Teufelskind,
  Werde noch gehudelt!
Wetter auch! Ich packe mich!
Böser Dämon tummle dich,
  Habe satt gedudelt!
Draußen, draußen, Saus und Braus!
Fahre wohl – ich geh nach Haus.

Man sollte lieber nie zusammengeraten – oder nie mehr getrennt werden.

Es ist schröcklich ohne Menschen, ohne eine mitfühlende Seele zu leben, aber es ist auch ebenso schröcklich sich an irgendein Herz zu hängen, wo man, weil doch auf der Welt nichts Bestand hat, notwendig einmal sich losreißen, und verbluten muss.

Wohl lässt der Pfeil sich aus dem Herzen ziehn,
Doch nie wird das verletzte mehr gesunden.

Seitdem ich eine Frau habe, kupple ich gerne.

XVI

Sorgt für eure Gesundheit, ohne diese kann man nie gut sein

... die ersten Jugendjahre bestimmen vielleicht die Gesichtszüge des Menschen durch sein ganzes Leben, so wie sie überhaupt die Grundlage seines moralischen Charakters sind.

Man wird daher immer finden, dass die gedrücktesten Völker auch die borniertesten sind; daher muss man das Aufklärungswerk bei einer Nation mit Verbesserung ihres physischen Zustandes beginnen. Erst muss der Geist vom Joch der Notwendigkeit losgespannt werden, ehe man ihn zur Vernunftfreiheit führen kann. Und auch nur in diesem Sinn hat man das Recht, die Sorge für das physische Wohl der Bürger als die erste Pflicht des Staats zu betrachten. Wäre das physische Wohl nicht die Bedingung, unter welcher allein der Mensch zur Mündigkeit seines Geistes erwachen kann; um seiner selbst willen würde es bei weitem nicht soviel Aufmerksamkeit und Achtung verdienen. Der Mensch ist noch sehr wenig, wenn er warm wohnt und sich satt gegessen hat, aber er muss warm wohnen, und satt zu essen haben, wenn sich die bessre Natur in ihm regen soll.

Auch der feurigsten Phantasie und der tätigsten Schöpfungskraft ist eine elastische Feder nötig, die sie in Schwung bringen und erhalten muss, und die Maschine wird noch erwartet, die sich ewig forttreibt, ohne aufgezogen zu werden.

Man kann in diesen verschiedenen Rücksichten Seele und Körper nicht gar unrecht zweien gleichgestimmten Saiteninstrumenten vergleichen, die nebeneinandergestellt sind. Wenn man eine Saite auf dem einen rühret, und einen gewissen Ton angibt, so wird auf dem andern ebendiese Saite freiwillig anschlagen und ebendiesen Ton nur etwas schwächer angeben. So weckt, vergleichungsweise zu reden, die fröhliche Saite des Körpers die fröhliche in der Seele, so der traurige Ton des Ersten den traurigen in der Zweiten.

Und Krankheit verstöret das Gehirn, und brütet tolle und wunderliche Träume aus –

Überhaupt beobachtet man, dass die Bösartigkeit der Seele gar oft in kranken Körpern wohnt.

Wahr ist es, dass die Freude das Nervensystem in lebhaftere Wirksamkeit setzen kann, als alle Herzstärkungen, die man aus Apotheken holen muss …

Vor allen Dingen aber rate ich Dir, bringe eine gleichförmige lebhafte Beschäftigung in Dein Leben, die Dich immer in Atem erhält, die Dir öftere kleine Genüsse verschafft, und die du nie ganz zu Ende bringst. An dieser hat es Dir bis jetzt, scheint es, am meisten und beinahe nur allein gefehlt, und sie ist ein ebenso gewisser Weg, Dir zu einer dauerhaften Gesundheit zu verhelfen, als sie Dir diese Gesundheit erst recht wert machen wird. Du wirst sagen, dass ich altklug spreche, aber nimm das Beste aus dem, was ich sage, und mache mit dem andern, was Du willst.

Der Weg des Ohrs ist der gangbarste und nächste zu unsern Herzen. – – Musik hat den rauen Eroberer Bagdads bezwungen, wo Mengs und Correggio alle Malerkraft vergebens erschöpft hätten. Auch kommt es uns leichter an, die beleidigten *Augen* zu schließen, als die misshandelten *Ohren* – – mit Baumwolle zu verstopfen.

Aber das lange Angaffen eines Alltagsgesichts muss endlich freilich auch ermüden.

Der Wirtemberger

Der Name Wirtemberg
Schreibt sich von Wirt am Berg –
Ein Wirtemberger *ohne Wein*
Kann der ein Wirtemberger sein?

Der Wein erfindet nichts, er schwatzt's nur aus.

Punschlied

Vier Elemente
Innig gesellt
Bilden das Leben,
Bauen die Welt.

Presst der Zitrone
Saftigen Stern,
Herb ist des Lebens
Innerster Kern.

Jetzt mit des Zuckers
Linderndem Saft
Zähmet die herbe
Brennende Kraft.

Gießet des Wassers
Sprudelnden Schwall,
Wasser umfänget
Ruhig das All.

Tropfen des Geistes
Gießet hinein,
Leben dem Leben
Gibt er allein.

Eh' es verdüftet
Schöpfet es schnell,
Nur wenn er glühet
Labet der Quell.

XVII

Der Mensch braucht wenig und an Leben reich / Ist die Natur

Feindlich ist die Welt
Und falsch gesinnt! Es liebt ein jeder nur
Sich selbst, unsicher, los und wandelbar
Sind alle Bande, die das leichte Glück
Geflochten – Laune löst, was Laune knüpfte –
Nur die *Natur* ist redlich! Sie allein
Liegt an dem ew'gen Ankergrunde fest,
Wenn alles andre auf den sturmbewegten Wellen
Des Lebens unstet treibt –

Wie holperigt und höckerigt mag unsre Erde von dem Gipfel des Gotthards aussehen, aber die Einwohner des Mondes sehen sie gewiss als eine glatte und schöne Kugel. Wer dieses Auge nun entweder nicht hat, oder es nicht geübt hat, wird sich an kleinen Gebrechen stoßen und das schöne große Ganze wird für ihn verloren sein.

Dass wir doch auf diesen schlechtesten Teil des Globus verbannt sind, wenn andre die es nicht wert sind, unter einem schönen lachenden Himmel leben! Es tut mir oft wehe, dass mir und meinen Freunden deren schöne Seele sich unter einem lieblichern Klima so viel reicher und schöner entfaltet haben würde, ein so schlechtes Los gefallen ist. Man kommt nur auf einmal auf die Erde, und soll gerade mit dem dürftigsten Platz auf ihr vorlieb nehmen.

... Binsen mögen vom Atem knicken. Eichen wollen den Sturm.

Die Blüte deutet auf die schöne Frucht.

Wenn man einen flüchtigen Blick durch das Tierreich wirft, so findet man dass die Schönheit der Tiere in demselben Verhältnis abnimmt als sie sich der *Masse* nähern, und bloß der Schwerkraft zu dienen scheinen. Die Natur eines Tiers (in der ästhetischen Bedeutung dieses Worts) äußert sich entweder in seinen Bewegungen oder in seinen Formen, und beide werden eingeschränkt durch die *Masse*. Hat die Masse Einfluss gehabt auf die Form, so nennen wir diese *plump*; hat die Masse Einfluss gehabt auf die Bewegung, so heißt diese *unbehülflich*. Im Bau des Elefanten, des Bären, des Stiers usf. ist es die Masse, welche an der Form sowohl als an der Bewegung dieser Tiere einen sichtbaren Anteil hat. Die Masse aber muss jederzeit der Schwerkraft gehorchen, die sich gegen die eigene Natur des organischen Körpers als eine fremde Potenz verhält.

Man könnte den Menschen zum halben Gott bilden, wenn man ihn durch Erziehung suchte alle Furcht zu benehmen. Nichts in der Welt kann den Menschen sonst unglücklich machen, als bloß und allein die Furcht. Das Übel was uns trifft ist selten und nie so schlimm, als das welches wir befürchten. Das Tier hat hierin den Vorzug. Der Ochse welcher zur Schlachtbank geführt wird, fürchtet nicht eher den Schlag als bis er trifft. Und auf diesen Grad von Furchtlosigkeit sollte der Mensch durch seinen klaren hellen Verstand gelangen. Er sollte suchen das Übel aus dem Wege zu räumen, es aber nicht fürchten.

Ein Vogel im Flug ist die glücklichste Darstellung des durch die Form bezwungenen Stoffs, der durch die Kraft überwundenen Schwere. Es ist nicht unwichtig zu bemerken, dass die Fähigkeit über die Schwere zu siegen oft zum Symbol der Freiheit gebraucht wird. Wir drücken die Freiheit der Phantasie aus, indem wir ihm Flügel geben; wir lassen Psyche mit Schmetterlingsflügeln sich über das Irdische erheben, wenn wir ihre Freiheit von den Fesseln des Stoffes bezeichnen wollen. Offenbar ist die Schwerkraft eine Fessel für jedes Organische, und ein Sieg über dieselbe gibt daher kein unschickliches Sinnbild der Freiheit ab. Nun gibt es aber keine treffendere Darstellung der besiegten Schwere, als ein geflügeltes Tier, das sich aus innrem Leben (Autonomie des Organischen) der Schwerkraft direkte entgegen bestimmt. Die Schwerkraft verhält sich ohngefähr ebenso gegen die lebendige Kraft des Vogels, wie sich – bei reinen Willensbestimmungen – die *Neigung* zu der gesetzgebenden Vernunft verhält.

Was die Ameise Vernunft mühsam zu Haufen schleppt, jagt in einem Hui der Wind des Zufalls zusammen.

Schade nur, ewig schade für die Unze Gehirn, die so schlecht in diesem undankbaren Schädel wuchert. Diese einzige Unze hätte dem Pavian noch vollends zum Menschen geholfen, da sie jetzt nur einen Bruch von Vernunft macht.

Der entrüstete Elefant zertritt Menschen, aber nicht Würmer.

Verschiedene Dressuren

Aristokratische Hunde, sie knurren auf Bettler, ein echter
Demokratischer Spitz klafft nach dem seidenen Strumpf.

Wem ich ein *Lamm* schenken will, lass ich's durch keinen *Wolf* überliefern.

Pegasus im Joche

Auf einen Pferdemarkt – vielleicht zu Haymarket,
Wo andre Dinge noch in Ware sich verwandeln,
Bracht' einst ein hungriger Poet
Der Musen Ross, es zu verhandeln.

Hell wieherte der Hippogryph,
Und bäumte sich in prächtiger Parade,
Erstaunt blieb jeder stehn, und rief:
Das edle, königliche Tier! Nur schade,
Dass seinen schlanken Wuchs ein hässlich Flügelpaar
Entstellt! Den schönsten Postzug würd' es zieren.
Die Rasse, sagen sie, sei rar,
Doch wer wird durch die Luft kutschieren?
Und keiner will sein Geld verlieren.

Ein Pachter endlich fasste Mut.
Die Flügel zwar, spricht er, die schaffen keinen
Nutzen,
Doch die kann man ja binden oder stutzen,
Dann ist das Pferd zum Ziehen immer gut.
Ein zwanzig Pfund, die will ich wohl dran wagen;
Der Täuscher, hoch vergnügt die Ware loszuschlagen,
Schlägt hurtig ein. »Ein Mann, ein Wort«,
Und Hans trabt frisch mit seiner Beute fort.

Das edle Tier wird eingespannt.
Doch fühlt es kaum die ungewohnte Bürde,
So rennt es fort mit wilder Flugbegierde,
Und wirft, von edelm Grimm entbrannt,
Den Karren um an eines Abgrunds Rand.
Schon gut, denkt Hans. Allein darf ich dem tollen
Tiere
Kein Fuhrwerk mehr vertraun. Erfahrung macht
schon klug.
Doch morgen fahr ich Passagiere,
Da stell ich es als Vorspann in den Zug.
Die muntre Krabbe soll zwei Pferde mir ersparen,
Der Koller gibt sich mit den Jahren.

Der Anfang ging ganz gut. Das leicht beschwingte
Pferd
Belebt der Klepper Schritt, und pfeilschnell fliegt
der Wagen.

Doch was geschieht? Den Blick den Wolken
zugekehrt,
Und ungewohnt, den Grund mit festem Huf zu
schlagen,
Verlässt es bald der Räder sichre Spur,
Und treu der stärkeren Natur
Durchrennt es Sumpf und Moor, geackert Feld und
Hecken,
Der gleiche Taumel fasst das ganze Postgespann,
Kein Rufen hilft, kein Zügel hält es an,
Bis endlich, zu der Wandrer Schrecken,
Der Wagen wohl gerüttelt und zerschellt,
Auf eines Berges steilem Gipfel hält.

Das geht nicht zu mit rechten Dingen,
Spricht Hans mit sehr bedenklichem Gesicht.
So wird es nimmermehr gelingen;
Lass sehn, ob wir den Tollwurm nicht
Durch magre Kost und Arbeit zwingen.
Die Probe wird gemacht. Bald ist das schöne Tier,
Eh' noch drei Tage hingeschwunden,
Zum Schatten abgezehrt. Ich hab's, ich hab's
gefunden,
Ruft Hans. Jetzt frisch, und spannt es mir
Gleich vor den Pflug mit meinem stärksten Stier.

Gesagt, getan. In lächerlichem Zuge
Erblickt man Ochs und Flügelpferd am Pfluge.

Unwillig steigt der Greif, und strengt die letzte Macht
Der Sehnen an, den alten Flug zu nehmen.
Umsonst, der Nachbar schreitet mit Bedacht,
Und Phöbus stolzes Ross muss sich dem Stier
bequemen,
Bis nun, vom langen Widerstand verzehrt,
Die Kraft aus allen Gliedern schwindet,
Von Gram gebeugt das edle Götterpferd
Zu Boden stürzt, und sich im Staube windet.

Verwünschtes Tier! bricht endlich Hansens Grimm
Laut scheltend aus, indem die Hiebe flogen.
So bist du denn zum Ackern selbst zu schlimm,
Mich hat ein Schelm mit dir betrogen.

Indem er noch in seines Zornes Wut
Die Peitsche schwingt, kommt flink und wohlgemut
Ein lustiger Gesell die Straße her gezogen.
Die Zither klingt in seiner leichten Hand,
Und durch den blonden Schmuck der Haare
Schlingt zierlich sich ein goldnes Band.
Wohin, Freund, mit dem wunderlichen Paare?
Ruft er den Bau'r von weitem an.
Der Vogel und der Ochs an *einem* Seile,
Ich bitte dich, welch ein Gespann!
Willst du auf eine kleine Weile
Dein Pferd zur Probe mir vertraun,
Gib acht, du sollst dein Wunder schaun!

Der Hippogryph wird ausgespannt,
Und lächelnd schwingt sich ihm der Jüngling auf
den Rücken.
Kaum fühlt das Tier des Meisters sichre Hand,
So knirscht es in des Zügels Band,
Und steigt, und Blitze sprühn aus den beseelten
Blicken.
Nicht mehr das vor'ge Wesen, königlich,
Ein Geist, ein Gott, erhebt es sich,
Entrollt mit einemmal in Sturmes Wehen
Der Schwingen Pracht, schießt brausend himmelan,
Und eh' der Blick ihm folgen kann,
Entschwebt es zu den blauen Höhen.

Die Sicherheit

Nur das feurige Ross, das mutige, stürzt auf der
Rennbahn,
Mit bedächtigem Pass schreitet der Esel daher.

Der Fuchs und der Kranich

An F. Nicolai

Den philosophischen Verstand lud einst der gemeine zu Tische,
Schüsseln, sehr breit und flach, setzt' er dem hungrigen vor.
Hungrig verließ die Tafel der Gast, nur dürftige Bisslein
Fasste der Schnabel, der Wirt schluckte die Speisen allein.
Den gemeinen Verstand lud nun der abstrakte zu Weine,
Einen enghalsigten Krug setzt' er dem durstigen vor.
»Trink nun Bester«! So sprach und mächtig schlurfte der Langhals,
Aber vergebens am Rand schnuppert das tierische Maul.

FIESKO (*der sich niedersetzt*). Genueser – Das Reich der Tiere kam einst in bürgerliche Gärung, Parteien schlugen mit Parteien, und ein *Fleischerhund* bemächtigte sich des Throns. Dieser, gewohnt, das Schlachtvieh an das Messer zu hetzen, hauste hündisch im Reiche, klaffte, biss, und nagte die Knochen seines Volks. Die Nation murrte, die Kühns-

Schiller auf einem Esel

Nach einer mit Tusche lavierten Zeichnung von Johann Christian Reinhardt, 1787

ten traten zusammen, und erwürgten den fürstlichen Bullen. Itzt ward ein Reichstag gehalten, die große Frage zu entscheiden, welche Regierung die glücklichste sei? Die Stimmen teilten sich dreifach. Genueser, für welche hättet Ihr entschieden?

ERSTER BÜRGER. Fürs Volk. Alle fürs Volk.

FIESKO. Das Volks gewann's. Die Regierung ward demokratisch. Jeder Bürger gab seine Stimme. *Mehrheit* setzte durch. Wenige Wochen vergingen, so kündigte der Mensch dem neugebackenen Freistaat den Krieg an. Das Reich kam zusammen. Ross, Löwe, Tiger, Bär, Elefant und Rhinozeros traten auf und brüllten laut zu den Waffen. Itzt kam die Reih an die übrigen. Lamm, Hase, Hirsch, Esel, das ganze Reich der Insekten, der Vögel, der Fische ganzes menschenscheues Heer – alle traten dazwischen und wimmerten: Friede. Seht Genueser! Der Feigen war *mehr*, denn der Streitbaren, der Dummen *mehr*, denn der Klugen – *Mehrheit* setzte durch. Das Tierreich streckte die Waffen, und der Mensch brandschatzte sein Gebiet. Dieses Staatssystem ward also verworfen. Genueser, wozu wäret ihr itzt geneigt gewesen?

ERSTER UND ZWEITER. Zum Ausschuss! Freilich zum Ausschuss!

FIESKO. Diese Meinung gefiel! Die Staatsgeschäfte teilten sich in mehrere Kammern. *Wölfe* besorgten die Finanzen. *Füchse* waren ihre Sekretäre. *Tauben* führten das Kriminalgericht, *Tiger* die gütlichen Vergleiche, *Böcke* schlichteten Heuratsprozesse. Soldaten waren die *Hasen*, *Löwen* und *Elefanten* blieben bei der Bagage, der Esel war Gesandter des Reichs, und der Maulwurf Oberaufseher über die Verwaltung der Ämter. Genueser, was hofft ihr von dieser weisen Verteilung? Wen der Wolf nicht zerriss, den prellte der Fuchs. Wer diesem entrann, den tölpelte der Esel nieder. Tiger erwürgten die Unschuld; Diebe und Mörder begnadigte die Taube, und am Ende, wenn die Ämter niedergelegt wurden, fand sie der Maulwurf alle unsträflich verwaltet – Die Tiere empörten sich. Lasst uns einen *Monarchen* wählen, riefen sie einstimmig, der Klauen und Hirn und nur *einen* Magen hat – und *einem* Oberhaupt huldigten alle – *einem*, Genueser – aber *(indem er mit Hoheit unter sie tritt)* es war der Löwe.

ALLE *(klatschen, werfen die Müzen in die Höh)*. Bravo! Bravo! das haben sie schlau gemacht.

ERSTER. Und Genua soll's nachmachen, und Genua hat seinen Mann schon.

FIESKO. Ich will ihn nicht wissen. Gehet heim. Denkt auf den Löwen. …

XVIII
Die Rätsel der Turandot

I.

Der Baum, auf dem die Kinder
Der Sterblichen verblühn,
Steinalt, nichtsdestominder
Stets wieder jung und grün.
Er kehrt auf einer Seite
Die Blätter zu dem Licht,
Doch kohlschwarz ist die zweite
Und sieht die Sonne nicht.

Er setzet neue Ringe,
Sooft er blühet, an,
Das Alter aller Dinge
Zeigt er den Menschen an.
In seine grünen Rinden
Drückt sich ein Name leicht,
Der nicht mehr ist zu finden,
Wenn sie verdorrt und bleicht.
So sprich, kannst du's ergründen,
Was diesem Baume gleicht?

[Lösung:]

Dieser alte Baum, der immer sich erneut,
Auf dem die Menschen wachsen und verblühen,
Und dessen Blätter auf der einen Seite
Die Sonne suchen, auf der andern fliehen,
In dessen Rinde sich so mancher Name schreibt,
Der nur, solang sie grün ist, bleibt.
– Er ist – das Jahr mit seinen Tagen und Nächten.

2.

Kennst du das Bild auf zartem Grunde,
Es gibt sich selber Licht und Glanz,
Ein andres ist's zu jeder Stunde,
Und immer ist es frisch und ganz.
Im engsten Raum ist's ausgeführet,
Der kleinste Rahmen fasst es ein,
Doch alle Größe, die dich rühret,
Kennst du durch dieses Bild allein.

Und kannst du den Kristall mir nennen,
Ihm gleicht an Wert kein Edelstein,
Er leuchtet, ohne je zu brennen,
Das ganze Weltall saugt er ein,
Der Himmel selbst ist abgemalet
In seinem wundervollen Ring.
Und doch ist, was er von sich strahlet,
Oft schöner, als was er empfing.

[Lösung:]

Dies zarte Bild, das in den kleinsten Rahmen
Gefasst, das Unermessliche uns zeigt,
Und der Kristall, in dem dies Bild sich malt,
Und der noch Schönres von sich strahlt,
Er ist das *Aug'*, in das die Welt sich drückt,
Dein Auge ist's, wenn es mir Liebe blickt.

3.

Wie heißt das Ding, das wen'ge schätzen,
Doch ziert's des größten Kaisers Hand,
Es ist gemacht, um zu verletzen,
Am nächsten ist's dem Schwert verwandt.
Kein Blut vergießt's und macht doch tausend Wunden,
Niemand beraubt's und macht doch reich,
Es hat den Erdkreis überwunden,
Es macht das Leben sanft und gleich.
Die größten Reiche hat's gegründet,
Die ältsten Städte hat's erbaut,
Doch niemals hat es Krieg entzündet,
Und Heil dem Volk, das ihm vertraut.

[Lösung:]

Dies Ding von Eisen, das nur wen'ge schätzen,
Das Chinas Kaiser selbst in seiner Hand
Zu Ehren bringt am ersten Tag des Jahrs,
Dies Werkzeug, das, unschuld'ger als das Schwert,
Dem frommen Fleiß den Erdkreis unterworfen –
Wer träte aus den öden, wüsten Steppen
Der Tartarei, wo nur der Jäger schwärmt,
Der Hirte weidet, in *dies* blühende Land
Und sähe rings die Saatgefilde grünen,
Und hundert volkbelebte Städte steigen,
Von friedlichen Gesetzen still beglückt,
Und ehrte nicht das köstliche Geräte,
Das allen diesen Segen schuf – den *Pflug*?

4.

Aus Perlen baut sich eine Brücke
Hoch über einen grauen See.
Sie baut sich auf im Augenblicke,
Und glänzend steigt sie in die Höh'.
Der höchsten Schiffe höchste Masten
Ziehn unter ihrem Bogen hin,
Sie selber trug noch keine Lasten
Und scheint, wie du ihr nahst, zu fliehn.
Sie *wird* erst *mit* dem Strom und schwindet,
So wie des Wassers Flut versiegt,
So sag, wo sich die Brücke findet
Und wer sie künstlich hat gefügt?

[Lösung:]

Diese Brücke, die von Perlen sich erbaut,
Sich glänzend hebt und in die Lüfte gründet,
Die mit dem Strom erst wird und mit dem Strome
schwindet
Und über die kein Wandrer noch gezogen,
Am Himmel siehst du sie, sie heißt der *Regenbogen*.

5.

Ein Bruder ist's von vielen Brüdern,
In allem ihnen völlig gleich,
Ein nötig Glied zu vielen Gliedern
In eines großen Vaters Reich.
Jedoch erblickt man ihn nur selten,
Fast wie ein eingeschoben Kind,
Die andern lassen ihn nur gelten
Da, wo sie unvermögend sind.

[Lösung:]

Der Sohn, der seinen vielen Brüdern
In allen Stücken völlig gleicht,
Und dennoch nur in ihren Gliedern
Wie eingeschoben mitunter schleicht –
Was gleicht sich wie ein Tag dem Tage?
Es ist der *Schalttag*, den du meinst.

6.

Unter allen Schlangen ist eine
Auf Erden nicht gezeugt,
Mit der an Schnelle keine,
An Wut sich keine vergleicht!

Sie stürzt mit furchtbarer Stimme
Auf ihren Raub sich los,
Vertilgt in einem Grimme
Den Reiter und sein Ross.

Sie liebt die höchsten Spitzen,
Nicht Schloss, nicht Riegel kann
Vor ihrem Anfall schützen,
Der Harnisch lockt sie an.

Sie bricht wie dünne Halmen
Den stärksten Baum entzwei
Sie kann das Erz zermalmen,
Wie fest und dicht es sei.

Und dieses Ungeheuer
Hat zweimal nie gedroht,
Es verbrennt in eignem Feuer,
Wie's tötet, ist es tot!

[Lösung:]

Die Schlange, der an Schnelle keine gleicht,
Die aus der Höhe schießt, die stärksten Eichen
Wie dünnes Rohr zerbricht, durch Schloss und
Riegel dringt,
Vor der kein Harnisch kann beschützen,
Die sich in eignem Feuer selbst verzehrt,
– Es ist der *Blitz*, der aus der Wolke fährt.

7.

Ich wohne in einem steinernen Haus,
Da lieg ich verborgen und schlafe,
Doch ich trete hervor, ich eile heraus,
Gefodert mit eiserner Waffe.
Erst bin ich unscheinbar und schwach und klein,
Mich kann dein Atem bezwingen,
Und ein Regentropfen schon saugt mich ein,
Doch mir wachsen im Siege die Schwingen.
Wenn die mächtige Schwester sich zu mir gesellt,
Erwachs ich zum furchtbarn Gebieter der Welt.

[Lösung: Der Funke]

8.

Zwei Eimer sieht man ab und auf
In einem Brunnen steigen.
Und schwebt der eine voll herauf,
Muss sich der andre neigen.

Sie wandern rastlos hin und her,
Abwechselnd voll und wieder leer,
Und bringst du diesen an den Mund,
Hängt jener in dem tiefsten Grund.
  Nie können sie mit ihren Gaben
  In gleichem Augenblick dich laben.

[Lösung: Tag und Nacht]

9.

Ein *Vogel* ist es, und an Schnelle
  Buhlt es mit eines Adlers Flug,
Ein *Fisch* ist's und zerteilt die Welle,
  Die noch kein größres Untier trug.
Ein *Elefant* ist's, welcher Türme
  Auf seinem schweren Rücken trägt,
Der *Spinnen* kriechendem Gewürme
  Gleicht es, wenn es die Füße regt.
Und hat es fest sich eingebissen
  Mit seinem spitz'gen Eisenzahn,
So steht's gleich wie auf festen Füßen
  Und trotzt dem wütenden Orkan.

[Lösung: Das Schiff]

10.

Es führt dich meilenweit von dannen
  Und bleibt doch stets an seinem Ort,
Es hat nicht Flügel auszuspannen
  Und trägt dich durch die Lüfte fort.
Es ist die allerschnellste Fähre,
  Die jemals einen Wandrer trug,
Und durch das größte aller Meere
  Trägt es dich mit Gedankenflug.
  Ihm ist ein Augenblick genug!

[Lösung:]

Dies leichte Schiff, das mit Gedankenschnelle
Mich durch die Lüfte ruhig trägt,
Sich selbst nicht von dem Ort bewegt,
Das Sehrohr ist's, das in die Ferne
Den Blick beflügelt bis ins Land der Sterne.

11.

Auf einer großen Weide gehen
  Viel tausend Schafe silberweiß,
Wie wir sie heute wandeln sehen,
  Sah sie der allerältste Greis.

Sie altern nie und trinken Leben
  Aus einem unerschöpften Born,
Ein Hirt ist ihnen zugegeben
  Mit schön gebognem Silberhorn.

Er treibt sie aus zu goldnen Toren,
  Er überzählt sie jede Nacht
Und hat der Lämmer keins verloren,
  Sooft er auch den Weg vollbracht.

Ein treuer Hund hilft sie ihm leiten,
  Ein muntrer Widder geht voran,
Die *Herde*, kannst du sie mir deuten,
  Und auch den Hirten zeig mir an.

[Lösung: Sterne und Mond]

12.

Es steht ein groß, geräumig Haus
  Auf unsichtbaren Säulen,
Es misst's und geht's kein Wandrer aus,
  Und keiner darf drin weilen.
Nach einem unbegriffnen Plan
  Ist es mit Kunst gezimmert,
Es steckt sich selbst die Lampe an,
  Die es mit Pracht durchschimmert.
Es hat ein Dach, kristallenrein,
Von einem einz'gen Edelstein.
Doch noch kein Auge schaute
Den Meister, der es *baute*.

[Lösung: Das Weltgebäude]

13.

Wir stammen, unsrer sechs Geschwister,
Von einem wundersamen Paar,
Die Mutter ewig ernst und düster,
Der Vater fröhlich immerdar.

Von beiden erbten wir die Tugend,
Von *ihr* die Milde, von *ihm* den Glanz,
So drehen wir uns in ewiger Jugend
Um dich herum im Zirkeltanz.
Gern meiden wir die schwarzen Höhlen
Und lieben uns den heitern Tag.
Wir sind es, die die Welt beseelen
Mit unsers Lebens Zauberschlag.

Wir sind des Frühlings lust'ge Boten
Und führen seinen muntern Reihn,
Drum fliehen wir das Haus der Toten,
Denn um uns her muss Leben sein.

Uns mag kein Glücklicher entbehren,
Wir sind dabei, wo man sich freut,
Und lässt der Kaiser sich verehren,
Wir leihen ihm die Herrlichkeit.

[Lösung:]

Die sechs Geschwister, die freundlichen Wesen,
Die mit des Vaters feuriger Gewalt
Der Mutter sanften Sinn vermählen,
Die alle Welt mit Lust beseelen,
Die gern der Freude dienen und der Pracht,
Und sich nicht zeigen in dem Haus der Klagen:
Die Farben sind's, des Lichtes Kinder und der Nacht.

14.

Ich drehe mich auf einer Scheibe,
Ich wandle ohne Rast und Ruh,
Klein ist das Feld, das ich umschreibe,
Du deckst es mit zwei Händen zu:
Doch brauch ich viele tausend Meilen,
Bis ich das kleine Feld durchzogen:
Flieg ich gleich fort mit Sturmes Eilen
Und schneller als der Pfeil vom Bogen.

[Lösung:]

Was schneller läuft als wie der Pfeil vom Bogen
Und, dreht sich's auch auf kleiner Scheibe nur,
Doch viele tausend Meilen hat durchflogen,
Eh' es den kleinen Raum durchzogen –
Der Schatten ist es an der Sonnenuhr.

15.

Ein Gebäude steht da von uralten Zeiten,
Es ist kein Tempel, es ist kein Haus,
Ein Reuter kann hundert Tage reuten,
Er umwandert es nicht, er reutet's nicht aus.
Jahrhunderte sind vorübergeflogen,
Es trotzte der Zeit und der Stürme Heer,
Frei steht es unter dem himmlischen Bogen,
Es reicht in die Wolken, es netzt sich im Meer.
Nicht eitle Prachtsucht hat es getürmet,
Es dienet zum Heil, es rettet und schirmet,
Seinesgleichen ist nicht auf Erden bekannt,
Und doch ist's ein Werk von Menschenhand.

[Lösung:]

Dies alte, festgegründete Gebäude,
Das Stürmen und Jahrhunderten getrotzt,
Das sich unendlich unabsehlich leitet
Und Tausende beschirmt – die Große Mauer ist's,
Die China von der Tartarwüste scheidet.

Anhang

Textnachweise

Die im vorliegenden Band wiedergegebenen Texte von Schiller sind den beiden im Folgenden genannten Ausgaben entnommen. Sie werden unter Angabe von Band- und Seitenzahl sowie der Sigle des Werktitels zitiert.

Die Orthographie wurde, unter Wahrung des Lautstandes und grammatischer Gegebenheiten des damaligen Sprachzustands, behutsam dem heutigen Gebrauch angeglichen. Die Interpunktion wurde weitgehend unverändert gelassen.

Ausgaben

NA Friedrich Schiller: Werke. Nationalausgabe. Begr. von Julius Petersen, fortgef. von Lieselotte Blumenthal, Benno von Wiese und Siegfried Seidel, hrsg. von Norbert Oellers. Weimar: Böhlau, 1943 ff.

SA Friedrich Schiller: Sämtliche Werke. Säkularausgabe. Hrsg. von Eduard von der Hellen. Stuttgart/Berlin: Cotta, [1904–05.].

Werktitel

AN Geschichte des Abfalls der Niederlande von der spanischen Regierung
AW Über Anmut und Würde
B Briefe
BDK Briefe über Don Karlos
BG Über Bürgers Gedichte
BM Die Braut von Messina
Ch Über den Gebrauch des Chors in der Tragödie
D Demetrius

DK Don Karlos
E Über das Erhabene
EM Über die ästhetische Erziehung des Menschen in einer Reihe von Briefen
F Die Verschwörung des Fiesco zu Genua
G Gespräche
GK Geschichte des Dreißigjährigen Kriegs
GN Gedanken über den Gebrauch des Gemeinen und Niedrigen in der Kunst
Gr Über die notwendigen Grenzen beim Gebrauch schöner Formen
J Die Jungfrau von Orleans
K Kabale und Liebe
KF Universalhistorische Übersicht der merkwürdigsten Staatsbegebenheiten zu den Zeiten Kaiser Friedrichs I.
KN Universalhistorische Übersicht der vornehmsten an den Kreuzzügen teilnehmenden Nationen
LS Die Gesetzgebung des Lykurgus und Solon
MG Über Matthissons Gedichte
MS Maria Stuart
NS Über naive und sentimentalische Dichtung
P Über das Pathetische
PB Philosophische Briefe
Pit Vorrede zu dem ersten Teile der merkwürdigsten Rechtsfälle nach Pitaval
R Die Räuber
Sch Was kann eine gute stehende Schaubühne eigentlich wirken?
Th Über das gegenwärtige teutsche Theater
TV Tabulae votivae
U Was heißt und zu welchem Ende studiert man Universalgeschichte?
W I Wallensteins Lager

W II Die Piccolomini
W III Wallensteins Tod
WT Wilhelm Tell
X Xenien
Z Versuch über den Zusammenhang der tierischen Natur des Menschen mit seiner geistigen
ZB Zerstreute Betrachtungen über verschiedene ästhetische Gegenstände

I

Ja sehen Sie, i bin a kurioser Kauz

19 Üb. G / Katharina Baumann, 18. Januar 1785; NA 42,85. | 1 B / H. v. Wolzogen, 4. Januar 1783; NA 23,59. | 2 B / H. v. Wolzogen, 8. Januar 1783; NA 23,60. | 3 B / Körner, 10. Februar 1785; NA 23,176. | **20** 1 B / Körner, 10. Februar 1785; NA 23,179. | 2 B / L. F. Huber, 25. März 1785; NA 23,183 f. | 3 B / Körner, 15. (und 16.) April 1786; NA 24,45. | 4 B / Körner, 29. August 1787; NA 24,144. | **21** 1 B / Körner, 8. Dezember 1787; NA 24,182. | 2 B / Körner, 20. August 1788; NA 25,96. | 3 B C. v. Beulwitz und Ch. v. Lengefeld, 2. Januar 1789; NA 25,173. | 4 B / Ch. v. Lengefeld, 3. (2.–6.) Januar 1789; NA 25,175. | 5 B / J. R. Zumsteeg, 19. Januar 1784; NA 23,130. | **22** 1 B / Körner, 17. (und 22.) Januar 1789; NA 25,185 f. | 2 B / C. v. Beulwitz und Ch. v. Lengefeld, 26. Januar 1789; NA 25,190. | 3 B / Körner, 2. Februar 1789; NA 25,192. | **24** 1 C. v. Beulwitz und Ch. v. Lengefeld, 14. September 1789; NA 25,295. | 2 B / C. v. Beulwitz und Ch. v. Lengefeld, 10. November 1789; NA 25,320. | 3 B / Körner, 12. (13.) Dezember 1789; NA 25,354. | 4 B / Goethe, 31. August 1794; NA 27,32. | **25** 1 B / Goethe, 7. September 1794; NA 27,39. | 2 B / J. B. Erhard, 5. Mai 1795; NA 27,181. | 3 B / Fichte,

3. August 1795 (Entwurf); NA 28,361. | 4 B / Goethe, 16. Oktober 1795; NA 28,78. | 5 B / Goethe, 13. November 1796; NA 29,5. | **26** 1 B / Körner, 7. April 1797; NA 29,59 f. | 2 G / C. v. Wolzogen, Mai 1797 und Sommer 1798; NA 42,228. | 3 B / Körner, 13. Mai 1801; NA 31,36. | 4 B / W. v. Humboldt, 17. Februar (und 3.[–16.] März) 1803; NA 32,12. | 5 B / W. v. Humboldt, 2. April 1805; NA 32,208.

II
Lieber zehen Briefe schreiben als einmal selbst kommen

27 Üb. B / C. v. Beulwitz und Ch. v. Lengefeld, 21. Dezember 1789; NA 25,369. | 1 B / F. W. H. Reinwald, 21. Februar 1783; NA 23,66. | 2 B / C. v. Beulwitz und Ch. v. Lengefeld, 12. Dezember 1788; NA 25,161. | 3 B / C. v. Beulwitz und Ch. v. Lengefeld, 7. (und 8.) September 1789; NA 25,290. | **28** 1 B / Ch. v. Lengefeld, 27. November 1788; NA 25,144. | 2 B / C. v. Beulwitz und Ch. v. Lengefeld, 15. November 1789; NA 25,331. | 3 B / H. v. Wolzogen, 30. Mai 1783; NA 23,92. | 4 B / C. v. Beulwitz und Ch. v. Lengefeld, 8. Dezember 1789; NA 25,352. | 5 B / C. v. Beulwitz und Ch. v. Lengefeld, 15. November 1789; NA 25,328. | **29** 1 B / Körner, 4. Oktober 1792; NA 26,154. | 2 B / W. H. v. Dalberg, 1. April 1782; NA 23,33. | 3 B / W. H. v. Dalberg, 4. Juni 1782; NA 23,37. | 4 B / W. H. v. Dalberg, 15. Juli 1782; NA 23,38. | **30** 1 B / Herzog Karl Eugen von Württemberg, 24. September 1782; NA 23,43. | 2 B / An die Freunde, Ende 1781; NA 23,29.

III

Wo sich die Menschen alles, und ihren Nebenmenschen nichts vergeben

31 Üb. B / C. v. Beulwitz und Ch. v. Lengefeld, 4. Dezember 1788; NA 25,152. | 1 Sch; NA 20,94. | 2 EM; NA 20,319. | 3 B / W. v. Humboldt, 2. April 1805; NA 32,208. | **32** 1 B / W. v. Humboldt, 17. Februar (und 3.[–16.] März) 1803; NA 32,11 f. | 2 B / Körner, 5. Januar 1800; NA 30,135. | 3 B / Goethe, 30. Juni 1797; NA 29,93. | **33** 1 B / Körner, 29. August 1787; NA 24,149 f. | 2 B / Körner, 19. August 1787; NA 24,145 f. | **34** 1 B / C. v. Beulwitz und Ch. v. Lengefeld, 30. Oktober 1789; NA 25,311. | 2 B / Körner, 14. Oktober 1787; NA 24,165. | 3 B / Ch. v. Lengefeld, 3. (2.–6.) Januar 1789; NA 25,176. | 4 B / Körner, 5. Juli 1788; NA 25,75 f. | **35** 1 B / S. Mereau, 18. Juni 1795; NA 27,199. | 2 B / Körner, 12. (und 13.) August 1787; NA 24,129. | 3 B / Körner, 2. Februar 1789; NA 25,193 f. | **36** B / Körner, 9. März 1789; NA 25,222. | **37** B / W. v. Humboldt, 17. Februar (und 3.[–16.] März) 1803; NA 32,12. | **38** B / Goethe, 28. April 1801; NA 31,32.

IV

Und mit je wenigern Menschen man lebt, desto mehr bedarf man dieser wenigen

39 Üb. B / Ch. v. Lengefeld, 11. April 1788; NA 25,38. | 1 B / C. v. Beulwitz, 27. November 1788; NA 25,146. | 2 R; NA 3,30. | 3 J; NA 9,249. | 4 WT; NA 10,151. | **40** 1 F; NA 4,120. | 2 B / Goethe, 29. November 1795; NA 28,113. | 3 W II; NA 8,137. | 4 KN; SA 13,113. | 5 F; NA 4,120. | 6 WT; NA 10,247. | 7 U; NA 17,366. | **42** 1 GK; NA 18,19. | 2 AN; NA 17,36. | 3 NA 1,382. | 4 B / Körner, 28. Mai 1789; NA 25,258. | 5 W III; NA 8,187. | 6 W III; NA 8,238. | **43** 1 G / Chr. v. Wurmb,

(6. März) 1801; NA 42,308. | 2 MS; NA 9,50. | 3 D; NA 11,23. | 4 AN; NA 17,82. | **45** 1 B / C. v. Beulwitz, 25. Februar 1789; NA 25,209. | 2 U; NA 17,359. | 3 AW; NA 20,299. | 4 J; NA 9,219. | 5 Die Sendung Moses; NA 17,389. | 6 MS; NA 9,83. | **46** 1 J; NA 9,247. | 2 AW; NA 20,284. | 3 B / C. v. Beulwitz und Ch. v. Lengefeld, 30. Oktober 1789; NA 25,311. | 4 BM; NA 10,34. | 5 B / C. v. Beulwitz und Ch. v. Lengefeld, 19. (und 20.) November 1788; NA 25,138. | 6 B / C. v. Beulwitz und Ch. v. Lengefeld, 1. September 1789; NA 25,285. | **47** 1 Warbeck; NA 12,247. | 2 B / Körner, 14. November 1788; NA 25,135. | 3 B / J. B. Erhard, 5. Mai 1795; NA 27,181. | 4 B / Ch. v. Lengefeld, 27. November 1788; NA 25,144. | 5 B / A. Streicher, 8. Dezember 1782; NA 23,53. | 6 F; NA 4,43. | **48** 1 WT; NA 10,208. | 2 AW; NA 20,307. | 3 B / W. v. Humboldt, 18. August 1803; NA 32,63. | 4 B / C. v. Beulwitz, 26. Mai 1788; NA 25,61. | 5 G / C. v. Beulwitz, zwischen 1789 und 1793; NA 42,166.

V

Da man dem Publikum doch alles vormachen muss

50 Üb. B / Goethe, 6. Dezember 1794; NA 27,100. | 1 NA 1,303. | 2 BG; NA 22,264. | 3 B / Goethe, 15. Juli 1799; NA 30,72. | **51** 1 B / C. v. Beulwitz und C. v. Lengefeld, 14. (und 15.) Dezember 1789; NA 25,358. | 2 B / Goethe, 9. Juli 1799; NA 30,69. | 3 NA 1,302. | 4 B / Fichte, 4. August 1795 (Lesart); NA 28,365. | 5 NA 1,303. | **52** 1 B / Goethe, 25. Juni 1799; NA 30,64. | 2 B / Goethe, 17. August 1797; NA 29,117. | 3 B / H. v. Wolzogen, 25. Mai (und 7. Juni) 1784; NA 23,146 f. | **54** 1 B / C. v. Beulwitz, 5. Februar 1789; NA 25,196 f. | 2 B / Goethe, 15. Mai 1795; NA 27,184. | 3 B / Goethe, 31. August 1798; NA 29,272. | **55** 1 B / Goethe, 20. Februar 1798; NA 29,208. | 2 Pit;

SA 13,283. | 3 NS; NA 20,479 f. | **56** 1 B / Goethe, 30. Januar 1798; NA 29,197. | 2 B / Goethe, 30. November 1803; NA 32,87. | 3 B / L. F. Huber, 7. Dezember 1784; NA 23,170. | 4 B / Goethe, 25. Juni 1799. | **57** 1 B / Körner, 12. (und 13.) August 1787; NA 24,128 f. | 2 Ch; NA 10,8. | **58** 1 Th; NA 20,85. | 2 B / Goethe, 23. November 1795; NA 28,110.

VI
Sein Verstand geht im Ring herum. Ich glaub er macht Verse

59 Üb. R; NA 3,25. | 1 NA 2,1,312. | 2 B / Körner, 26. Mai 1788; NA 25,62. | 3 B / Körner, 4. Oktober 1792; NA 26,154. | **60** 1 B / Körner, 26. September 1799; NA 30,98. | 2 B / J. Chr. Reinhardt, 7. (14.?) März 1803; NA 32,22. | 3 NA 1,159 f. | **62** 1 B / Goethe, 30. November 1798; NA 30,8. | 2 B / Goethe, 19. August 1795; NA 28,37. | 3 B / Goethe, 7. Januar 1795; NA 27,116. | **63** 1 B / Körner, 12. (11.) Dezember 1788; NA 25,158. | 2 B / W. v. Humboldt, 7. September 1795; NA 28,42. | 3 B / Goethe, 31. August 1794; NA 27,31 f. | 4 B / Chr. G. Schütz, 22. Januar 1802; NA 31,95. | **64** 1 B / E. H. Graf v. Schimmelmann, 13. Juli 1793; NA 26,270. | 2 B / Körner, 1. Dezember 1788; NA 25,149. | 3 B / Goethe, 16. Oktober 1795; NA 28,79. | **65** 1 MG; NA 22,269. | 2 B / Goethe, 13. September 1800; NA 30,196. | 3 B / Körner, 12. Februar 1798; NA 29,203. | 4 B / W. F. H. Reinwald, 14. April 1783; NA 23,81. | 5 B / A. W. Schlegel, 14. Mai 1801; NA 31,38. | 6 B / Körner, 25. Februar 1789; NA 25,211 f. | **66** 1 B / Goethe, 24. November 1797; NA 29,159 f. | 2 B / W. v. Humboldt, 21. März 1796; NA 28,203. | 3 B / Goethe, 18. Juni 1796; NA 28,228. | 4 B / W. v. Humboldt, 7. September 1795; NA 28,46. | **67** 1 B / W. v. Humboldt, 29. (und 30.) November 1795; NA 28,116. | 2 TV;

NA 2,1,324. | 3 B / Körner, 18. Jänner 1788; NA 25,6. | 4 B / Goethe, 27. Juni 1796; NA 28,321. | **68** 1 B / Körner, 25. Mai 1792; NA 26,141 f. | 2 B / Goethe, 31. Mai 1799; NA 30,52. | **69** NA 2,1,406 f. | **70** B / W. v. Wolzogen, 4. September 1803; NA 32,65. | **71** 1 Die vier Weltalter; NA 2,1,195. | 2 NA 1,283. | 3 Ankündigung zur »Rheinischen Thalia«; NA 22,93. | 4 NS; NA 20,433. | 5 B / W. F. H. Reinwald, 14. April 1783; NA 23,79. | **72** 1 B / W. F. H. Reinwald, 17. Mai 1786; NA 24,56. | 2 B / W. F. H. Reinwald, 21. Februar 1873; NA 23,67. | 3 NS; NA 20,424. | 4 B / Goethe, 7. (und 8.) September 1797; NA 29,128. | **73** 1 Ch. v. Schimmelmann, 4. November 1795; NA 28,99. |2 BDK; NA 22,162. | 3 MG; NA 22,266. | 4 B / Goethe, 1. März 1795; NA 27,154. | 5 BG; NA 22,256. | **74** 1 B / Körner, 4. Oktober 1792; NA 26,154. | 2 B / Körner, 13. Oktober 1789; NA 25,304. | 3 NA 2,1,225 f. | **76** Z; NA 20,64 f. | **77** 1 B / Körner, 26. März 1790; NA 26,11. | 2 ZB; NA 20,237 f. | 3 B / W. v. Humboldt, 2. April 1805; NA 32,206. | 4 G / Chr. v. Wurmb, (1. März) 1801; NA 42,307. | **78** 1 EM; NA 21,245. | 2 Sch; NA 20,94. | 3 X; NA 1,349. | **79** 1 NS; NA 20,479. | 2 Pit; SA 13,284. | 3 X; NA 1,325. | 4 NA 2,1,323. | 5 B / Körner, 6. März 1788; NA 25,25. | **80** 1 BG; NA 22,263. | 2 EM; NA 20,334. | 3 NA 2,1,326.| 4 B / C. v. Beulwitz und Ch. Lengefeld, 30. April 1789; NA 25,251.

VII
In der Wahrheit findet man das Schöne

81 Üb. An Goethe als er den Mahomet von Voltaire auf die Bühne brachte; NA 2,1,404. | 1 B / Ch. v. Lengefeld, etwa 7.–9. November 1788; NA 25,126. | 2 NA 2,1,121. | 3 B / Körner, 8. Februar 1793; NA 26,183. | 4 NA 1,287. | **82** 1 B / Goethe, 23. Mai 1797; NA 29,78. | 2 NS; NA 20,444. | 3 AW; NA

20,305. | 4 AW; NA 20,253. | 5 R; NA 3,36. | 6 R, Vorrede zur 1. Auflage; NA 3,7. | **83** 1 TV; NA 2,1,315. | 2 W I; NA 8,3. | 3 DK; NA 7,1,511. | 4 G / Fr. v. Unzelmann, 13. Mai 1804; NA 42,386. | 5 P; NA 20,198. | 6 NA 1,303. | **84** 1 An den Herausgeber der Propyläen; NA 22,297. | 2 Über den moralischen Nutzen ästhetischer Sitten; NA 21,31. | 3 TV; NA 2,1,314. | 4 NA 1,293. | 5 B / Körner, 1. März 1793; NA 26,229. | **85** 1 Gr; NA 21,20. | 2 R; NA 3,91.

VIII

Mensch ist Mensch. Das muss ich wissen

86 Üb. K; NA 5N,10. | 1 NA 1,288. | 2 B / Ch. v. Lengefeld, 22. und 26. November 1788; NA 25,142. | 3 EM; NA 20,341 f. | **87** 1 B / C. v. Beulwitz und Ch. v. Lengefeld, 14. November 1789; NA 25,325. | 2 LS; NA 17,438. | 3 B / Chr. Fr. Schwan, 2. Mai 1788; NA 25,53. | 4 W III; NA 8,208. | 5 B / Körner, 27. April (und 14. Mai) 1801; NA 31,30. | 6 B / Körner, 15. November 1802; NA 31,172. | **88** 1 W II; NA 8,97. | 2 G / Chr. v. Wurmb, (20. März) 1801; NA 42,311. | 3 PB; NA 20,117. | 4 NS; NA 20,497. | **89** 1 Sch; NA 20,94. | 2 B / W. H. v. Dalberg, 1. April 1782; NA 23,32. | 3 Sch; NA 20,96. | 4 B / L. F. Huber, 25. März 1785; NA 23,184. | 5 W II; NA 8,163. | 6 F; NA 4,74. | 7 MS; NA 9,60. | **90** 1 F; NA 4,88. | 2 MS; NA 9,40. | 3 R; NA 3,19. | 4 F; NA 4,118. | 5 W III; NA 8,202. | 6 MS; NA 9,76. | 7 PB; NA 20,113. | **91** 1 WA; NA 20,299. | 2 R; NA 3,18. | 3 DK; NA 7,1,390. | 4 B / Goethe, 1. August 1796; NA 28,276. | 5 J; NA 9,250. | 6 GK; NA 18,185. | 7 W I; NA 8,27. | **92** 1 W I; NA 8,4. | 2 F; NA 4,64. | 3 BM; NA 10,22. | 4 R; NA 3,109 f. | 5 F; NA 4,100. | 6 GN; NA 20,246. | **93** 1 W III; NA 8,242. | 2 W III; NA 8,301. | 3 J; NA 9,257. | 4 R; NA 3,63. | 5 G / C. v. Wolzogen, Frühjahr 1805; NA 42,425.

IX
Wenn ich beten könnte

94 Üb. B / Körner, 15. (14.?) April 1788; NA 25,41. G / Chr. v. Wurmb, (15. März) 1801; NA 42,310. | **95** 1 X; NA 1,311. | 2 B / Goethe, 19. März 1795; NA 27,163. | 3 Th; NA 20,86. | 4 AW; NA 20,243. | 5 KF; SA 13,155. | **96** 1 AN; NA 17,55. | 2 Nachrichten zum Nutzen und Vergnügen; NA 22,72. | 3 AN; NA 17,52 f. | 4 B / Körner, 8. (und 9.) August 1787; NA 24,126. | **97** 1 PB; NA 20,115. | 2 Th; NA 20,82. | 3 J; NA 9,298. | **98** 1 BM; NA 10,97. | 2 W III; NA 8,229. | 3 AN; NA 17,89. | 4 R; NA 3,30. | 5 B / Goethe, 27. August 1799; NA 30,91. | 6 F; NA 4,67. | **99** 1 K; NA 5N,120. | 2 K; NA 5N,164. | 3 R; NA 3,56. | 4 R; Vorrede zur 1. Auflage; NA 3,6.

X
Nichts aber ist unser, als was dem Verstand übergeben wird

100 Üb. Gr; NA 21,11. | 1 NS; NA 20,430. | 2 G / F. v. Hoven, 24. Dezember 1793; NA 42,182. | 3 AW; NA 20,299. | 4 G / Ch. v. Kalb, (August) 1784; NA 42,78. | 5 Gr; NA 21,11. | **101** 1 Gr; NA 21,15. | 2 DK; NA 7,1,459. | 3 EM; NA 20,327 f. | 4 B / Ch. Schiller und C. v. Beulwitz, 5. Oktober 1790; NA 26,47. | 5 X; NA 1,347. | **102** 1 WT; NA 10,196. | 2 B / J. F. Cotta, 2. März 1795; NA 27,155. | 3 G / Chr. v. Wurmb, (4. April) 1801; NA 42,315. | 4 Über den Grund des Vergnügens an tragischen Gegenständen; NA 20,145. | 5 PB; NA 20,111. | **103** 1 X; NA 1,329. | 2 B / Fr. Chr. v. Augustenburg, 11. November 1793; NA 26,298. | 3 Stammbuchblatt für G. F. Creuzer, 18. September 1791; NA 1,219. | 4 PB; NA 20,115. | 5 PB; NA 20,112. | 6 B / Ch. v. Lengefeld, 27. November 1788; NA 25,144. | **104** 1 KN;

SA 13,113. | 2 PB; NA 20,114. | 3 W II; NA 8,108. | 4 B / Körner, 18. Jänner 1788; NA 25,6. | 5 G / Chr. v. Wurmb, (25. März) 1801; NA 42,313. | 6 B / Körner, 1. September 1790; NA 26,37. | **105** 1 X; NA 1,316. | 2 B / Körner, 7. Mai 1785; NA 24,7. | 3 B / Körner, 27. Juli 1788; NA 25,84. | **106** NA 1,296. | **107** NA 2,1,143.

XI
Täglich wird mir die Geschichte teurer

108 Üb. B / Körner, 15. (und 16.) April 1786; NA 24,45. | 1 B / C. v. Beulwitz, 10. (und 11.) Dezember 1788; NA 25,154. | 2 P; NA 20,218. | 3 B / Körner, 7. Januar 1788; NA 25,3. | **109** 1 W III; NA 8,346. | 2 LS; NA 17,439. | 3 BM; NA 10,108. | 4 U; NA 17,359. | 5 LS; NA 17,442. | 6 U; NA 17,340. | 7 U; NA 17,375. | **110** 1 U; NA 17,376. | 2 W I; NA 8,4. | 3 R; NA 3,28. | 4 NS; NA 20,468. | 5 Deutsche Größe; NA 2,1,433. | **111** 1 DK; NA 7,1,386. | 2 R; NA 3,21. | 3 B / Körner, 21. Dezember 1792; NA 26,172. | **112** 1 J; NA 9,241. | 2 Ch; NA 10,7. | 3 MS; NA 9,87. | 4 W III; NA 8,213. | 5 GK; NA 18,279. | **113** 1 W III; NA 8,185. | 2 AN; NA 17,52. | 3 AN; NA 17,110. | 4 BM; NA 10,93. | **114** 1 Stammbuchblatt für Johannes Groß, 22. September 1790; NA 1,218. | 2 PB; NA 20,112. | 3 U; NA 17,370. | 4 NA 2,1,124.

XII
Die schönsten Träume von Freiheit werden ja im Kerker geträumt

115 Üb. BDK; NA 22,141. | 1 B / Körner, 23. Februar 1793; NA 26,216. | 2 B / Körner, 14. November 1788; NA 25,132. | 3 E; NA 21,39. | 4 E; NA 21,39. | 5 EM; NA 20,386. | **116** 1 B / Körner, 23. Februar 1793; NA 26,212. | 2 B / Fr. Chr. v. Augustenburg, 13. Juli 1793; NA 26,260. | 3 B / Körner, 23.

Februar 1793; NA 26,212 f. | **117** 1 DK; NA 7,1,486 f. | 2 MS; NA 9,127. | 3 MS; NA 9,39. | 4 K; NA 5N,84. | 5 Der Verbrecher aus verlorener Ehre; NA 16,12. | 6 F; NA 4,74.

XIII
Wenn *wir* glücklich sind, soll niemand Unlust dabei haben

118 Üb. B / C. v. Beulwitz und Ch. v. Lengefeld, 1. September 1789; NA 25,286. | 1 Gr; NA 21,27. | 2 DK; NA 7,1,511. | 3 B / W. H. v. Dalberg, 3. April 1783; NA 23,76 f. | 4 B / Körner, 14. Oktober 1787; NA 24,166. | 5 K; NA 5N,178. | **119** 1 B / Ch. v. Lengefeld, 11. Dezember 1788; NA 25,156. | 2 B / Körner, 7. Januar 1788; NA 25,3. | 3 Ch; NA 10,8. | 4 PB; NA 20,107. | 5 G / Chr. v. Wurmb, (16. März) 1801; NA 42,310. | **120** 1 B / C. v. Beulwitz und Ch. v. Lengefeld, 21. (23.) April 1789; NA 25,248. | 2 B / L. F. Huber, 7. Dezember 1784; NA 23,170. | 3 W II; NA 8,122. | 4 B / W. v. Wolzogen, 25. Mai 1783; NA 23,88. | 5 NS; NA 20,428. | **121** 1 B / H. v. Wolzogen, 4. Januar 1783; NA 23,58. | 2 MS; NA 9,97. | 3 Das Siegesfest; NA 2,1,191. | 4 Die Gunst des Augenblicks; NA 2,1,414. | **122** 1 BM; NA 10,43 f. | 2 B / Körner, 7. Mai 1785; NA 24,7. | 3 D; NA 11,349. | 4 Das Geheimnis; NA 2,1,196. | 5 AN; NA 17,158. | 6 KF; SA 13,149. | **123** 1 B / Ch. v. Lengefeld, 1. (?) Oktober 1788; NA 25,113. | 2 WT; NA 10,150. | 3 R; NA 3,78.

XIV
Freundschaft ist oft verzagt und immer besorglich

124 Üb. BDK; NA 22,151. | 1 B / W. F. H. Reinwald, 14. April 1783; NA 23,79. | 2 B / B. Fischenich, 8. November 1804; NA 32,166. | 3 B / W. v. Wolzogen, 25. Mai 1783; NA 23,89. | 4 J;

NA 9,241. | 5 BDK; NA 22,170. | **125** 1 B / G. F. Boigeol, 1776 (?); NA 23,9. | 2 J; NA 9,248. | 3 B / C. v. Beulwitz und Ch. v. Lengefeld, 19. (und 20.) November 1788; NA 25,138. | 4 B / H. v. Wolzogen, 28. Juli 1783; NA 23,102. | 5 B / Körner, 10. Februar 1785; NA 23,175. | **126** 1 B / Körner, 7. Mai 1785; NA 24,6. | 2 MS; NA 9,61. | 3 W III; NA 8,334. | 4 B / Körner, 3. Juli 1785; NA 24,8. | 5 B / Goethe, 11. Dezember 1798; NA 30,10. | 6 W II; NA 8,141. | 7 B / C. v. Beulwitz und Ch. v. Lengefeld, 12. (10. und 11.) September 1789; NA 25,293. | **128** 1 B / C. v. Beulwitz und Ch. v. Lengefeld, etwa 16.–20. März 1788; NA 25,27 f. | 2 B / Körner, 31. August 1798; NA 29,270. | 3 NA 2,1,321. | 4 DK; NA 7,1,456.

XV
Weh dem Manne, / Den weibliches Erröten mutig macht!

129 Üb. DK; NA 7,1,438. | 1 NA 1,227. | 2 Wirtembergisches Repertorium; NA 22,77. | 3 F; NA 4,63. | 4 W III; NA 8,304. | 5 F; NA 4,64. | **130** 1 F; NA 4,40. | 2 K; NA 5N,16. | 3 B / W. v. Humboldt, 25. Dezember 1795; NA 28,145. | **131** 1 NA 1,116. | 2 NA 1,286. | 3 K; NA 5N,10. | **132** 1 K; NA 5N,134. | 2 K; NA 5N,66. | 3 Gr; NA 21,16 f. | 4 G / Chr. v. Wurmb, (18. März) 1801; NA 42,311. | **133** B / L. F. Huber, 23. August 1790; NA 26,36. | **134** 1 Etwas über die erste Menschengesellschaft nach dem Leitfaden der mosaischen Urkunde; NA 17,402. | 2 B / J. R. Zumsteeg, 19. Januar 1784; NA 23,129. | **135** 1 B / Ch. v. Lengefeld, 10. Februar 1790; NA 25,415. | 2 AW; NA 20,302 f. | 3 PB; NA 20,122 f. | **136** 1 AW; NA 20,303. | 2 AW; NA 20,303. | 3 K; NA 5N,152. | 4 PB; NA 20,119. | 5 F; NA 4,100. | **137** 1 BM; NA 10,68. | 2 BM; NA 10,72. | 3 DK; NA 7,1,539. | 4 J; NA 9,167. | 5 PB; NA 20,121. | 6 DK; NA

7,1,415. | **138** 1 WT; NA 10,266. | 2 BM; NA 10,68. | 3 PB; NA 20,122. | 4 B / C. v. Beulwitz und Ch. v. Lengefeld, 7. (und 8. September 1789; NA 25,289. | 5 B / Fichte, 4. August 1795; NA 28,21. | 6 W II; NA 8,133. | **139** 1 B / C. v. Beulwitz und Ch. v. Lengefeld, 14. November 1789; NA 25,325. | 2 NA 1,131 f. | **141** 1 B / Ch. v. Lengefeld, 11. April 1788; NA 25,37. | 2 B / H. v. Wolzogen, 10. Januar 1783; NA 23,61. | 3 BM; NA 10,121. | 4 B / Körner, 15. April 1790; NA 26,16.

XVI

Sorgt für eure Gesundheit, ohne diese kann man nie gut sein

142 Üb. Notiz Mitte 1791; NA 26,507. | 1 Z; NA 20,70. | 2 B / Fr. Chr. v. Augustenburg, 11. November 1793; NA 26,298 f. | **143** 1 B / W. H. v. Dalberg, 24. August 1784; NA 23,154. | 2 Z; NA 20,63 f. | 3 R; NA 3,118. | 4 Z; NA 20,65. | **144** 1 Z; NA 20,58. | 2 B / Körner, 20. August 1788; NA 25,95. | 3 Th; NA 20,85. | **145** 1 B / Goethe, 31. August 1798; NA 29,272. | 2 NA 1,112. | 3 W II; NA 8,153. | 4 NA 2,1,215.

XVII

Der Mensch braucht wenig und an Leben reich / Ist die Natur

147 Üb. J; NA 9,295. | 1 BM; NA 10,32. | 2 B / C. v. Beulwitz, 27. November 1788; NA 25,146. | 3 B / Ch. v. Lengefeld, 26. März 1789; NA 25,232. | **148** 1 F; NA 4,45. | 2 BM; NA 10,41. | 3 B / Körner, 23. Februar 1793; NA 26,204 f. | **149** 1 G / Chr. v. Wurmb, (14. März) 1801; NA 42,309 f. | 2 B / Körner, 23. Februar 1793; NA 26,205. | **150** 1 F; NA 4,44. | 2 K; NA 5N,124. |

3 F; NA 4,27. | **151** 1 X; NA 1,335. | 2 F; NA 4,29. | 3 NA 2,1,113–115. | **155** TV; NA 1,301. | **156** 1 NA 1,290. | 2 F; NA 4,49 f.

XVIII
Die Rätsel der Turandot

160 NA 14,139–146.